会计学原理

Principles of Accounting

安亚人 编著

东北财经大学出版社
Dongbei University of Finance & Economics Press
大连

图书在版编目(CIP)数据

会计学原理 / 安亚人编著. —大连：东北财经大学出版社，2016.3
ISBN 978-7-5654-2256-0

Ⅰ. 会…　Ⅱ. 安…　Ⅲ. 会计学-高等学校-教材　Ⅳ. F230

中国版本图书馆CIP数据核字(2016)第027621号

东北财经大学出版社出版
(大连市黑石礁尖山街217号　邮政编码　116025)
教学支持：(0411) 84710309
营 销 部：(0411) 84710711
总 编 室：(0411) 84710523
网　　址：http://www.dufep.cn
读者信箱：dufep@dufe.edu.cn

大连美跃彩色印刷有限公司印刷　　东北财经大学出版社发行

幅面尺寸：170mm×240mm　　字数：170千字　　印张：8 3/4

2016年3月第1版　　2016年3月第1次印刷

责任编辑：高　铭　周　慧　　责任校对：郭海雷　周　欢
封面设计：冀贵收　　版式设计：钟福建

定价：20.00元

前 言

我从事会计专业教学30余年，在教学生的同时自己也在不断地思考究竟什么是会计，试图找出一个确切答案，带给学生一个清晰、完整的会计认知。至今尚不敢说已经想得十分清楚，但是形成了一个基本的认识，在本书中将与读者分享。

会计是对企业经济活动信息的记录与计量，以便向企业的利益相关者提供他们所需要的关于企业经济活动过程和结果的信息。企业的经济活动过程和结果是什么样的，会计就要记录成什么样，以使会计信息客观反映这一过程与结果。因此，会计采用什么方法、手段来记录企业经济活动，取决于企业经济活动本身和会计信息使用者的信息需求。基于这一认识，本书注重对企业经济活动的描述与分析，以便帮助学生看清会计欲记录、计量的对象是什么样的。在此基础上，建立会计与企业经济活动的联系，揭示会计的原理，阐明会计的方法，举例说明会计方法的基本运用与会计整体信息的形成。期望通过对这些内容的介绍，使学生理解会计是什么样的，会计为什么是这样的，形成对会计的一个清晰、完整的认识，明确会计的基本原理，为后续专业课程的学习奠定基础。

本书得到东北师范大学本科教学质量改革工程（会计学）高质量教材项目的资助。在编著过程中，吉林大学经济学院教师刘朝阳博士对全书内容进行了必要的补充和校对，在此表示感谢。

本书在内容和体例上均作了一些新的尝试，可能有诸多纰漏与不妥，敬请读者批评、指正。

安亚人

2016年2月

目　录

第一章 导 论

学习目标

学习会计的含义、会计目标的含义与内容、会计记录企业经济活动的基本方式，了解会计的产生与发展。

第一节 什么是会计

一、会计的含义

（一）对会计的理解

学习会计学，你首先会问：什么是会计？我们通过两个事例帮助你理解会计的基本含义。

【例 1-1】你收到了某大学的录取通知书，家里人庆祝的同时，会考虑学费的问题，让你根据录取通知书的有关内容算一算上大学一年所需要的费用。为了供你上大学，家里要付出一大笔钱，通过支付学费向学校换取消费学校教育资源的权利。所以，供你上大学可以说是你家庭的经济活动。假设你算了一下：一年的学费 5 000元、住宿费 1 000元、伙食费 4 500元、日常支出 4 000元，共计需要 14 500元。无形中你当了一回会计，把你上大学一年所需要的各种费用、支出是多少描述了下来，为家庭支出决策提供了有用的数量依据。家里可以根据你计算的结果确定筹集学费的数额和途径。如，你的父母会算一下家里现有在银行的存款是不是足以支付你的全部学习费用，如果不足，确定需要通过其他途径再筹集多少钱。

【例 1-2】你大学毕业后决定自主创业，于是与同学李明共同投资开办了一家黎明制衣有限公司。在此阶段，李明投入6万元，你自己投入2万元，又向A银行借入2万元，公司由你经营。李明和A银行投钱和借钱给公司，是想通过公司的经营活动而共同获利，因而他们都成了公司的利益相关者，他们同你一样，会关心公司能否赚钱，赚多少钱。那么经营一年下来公司将如何确定赚没赚到钱？公司需要聘请会计人员，通过日常的会计核算，将公司一年的经营过程及其结果的数量信息全面的记录和计量下来，然后将有关盈利与否的信息提供给李明和A银行，他们借助这些数量信息能了解公司是否赚钱，赚了多少钱。

假设公司会计人员记录和计量的结果是：经营一年销售服装获得的经营收入共计12万元。购入布料、支付员工工资、生产场地租用费、银行借款利息、交税、设备折旧等为获得经营收入而发生的经营付出共计10万元。收入与付出相抵，收入大于付出，获利2万元。据此，确定公司这一年赚了2万元。李明和A银行也通过这些信息了解公司一年经营过程和结果的基本情况，便于做出自己的下一步决策。如，依据上述数据信息，投资人李明会评价（你）公司管理层的经营业绩，决定是否继续合作；银行会评价公司偿还借款的能力，决定是否继续借钱给公司。潜在的投资人会依据上述数据信息决定是否向公司投资。可以说，没有会计人员通过对公司经营过程和结果的数据信息进行记录与计量、进而提供相关的信息资料，投资人等利益相关者要了解公司的经营情况以做出正确的决策是不可能的。

通过以上两个例子，你会形成对会计基本含义的初步认识。会计要对经济活动相关数量信息进行记录与计量，以便向这一活动的利益相关者提供其用于决策的信息数据。

（二）会计记录的对象

会计记录与计量的对象是企业经济活动的相关信息。

1.什么是经济活动

经济活动——人们之间的交易活动。

美国经济学家曼昆说：经济只不过是在生活中相互交易的一群人而已。可见是人们之间的交易活动构成了经济活动。人们在生活中，经常会彼此间发生各种各样的交易。如，去商店用货币购入我们需要的各种商品；学生上学交学费，换取消费学校教育资源的权利；工人付出劳动换取工资收入；管理者付出管理能力换取薪酬；企业生产、销售产品获得销售收入；酒店提供住宿、餐饮取得服务收入；国家间贸易等都是交易活动。这些交易活动构成了组织或个人的经济行为或经济活动。

2.人们为什么要进行交易

（1）交易的目的

交易是人们谋取利益的基本手段。人们通过交易可以获得自己所没有的物品或服务，增加个人占有或消费物品及服务的品种、数量和方式，进而满足人们自身需要的多样性，提高自己的生活和消费水平。通过交易也可以获得并增加利益。如，用货币购入住房、汽车、家用电器等等，满足生活中的各种物质与精神需要；购入股票、债券可以获得股息或利息收入；开公司、办企业赚钱等。正因为交易能够满足人们需要的多样性，使人们获取更多的利益，才促使人们广泛而频繁地进行交易。

（2）交易的划分

交易可分为消费交易和经营交易。

消费交易是指以消费品为交易对象而进行的交易。消费交易的对象是消费品，其目的是通过交易直接获得日常生活用品，满足人们某一方面物质生活或精神生活的需要。如，我们去商店购买各种商品用于自己日常生活的需要；一家人到海边度周末；去电影院看大片等都是消费交易。

经营交易是以经济资源为交易对象而进行的一系列交易活动，经营交易的目的是获得更多的货币收入来增加消费交易的能力及换取更多的利益。

经营交易的对象是经济资源。这里所说的经济资源是在经济活动中能够产生效益的物质或非物质要素，包括自然资源和社会资源。经济资源能够产生效益，对他人有用、有价值。经济资源涵盖的内容十分广泛，如有形的机器设备、原材料等，无形的劳动能力、管理能力、专业技术等。通常人们谈及的经济活动是指经营交易。

3.人们进行经营交易活动的方式

经营交易的基本方式是结成企业组织。

人们各自拥有的经济资源往往具有单一性，如有的人手中有货币，有的人占有机器设备等物质资源，有的人具备劳动技能、管理能力等非物质资源。这些不同的经济资源均需要通过交易组合在一起才能用于谋利，而经济资源交易与组合的方式即办企业、开公司。

即使一个人手中有大量的货币，同时又有劳动技能，他也没有精力或者没有必要去一面当投资人一面当员工。所以，人们汇聚在一起办企业，有的投入货币、有的投入劳动能力、有的投入专有技术，从而将谋利所需要的各种经济资源汇集在一起，加以组合、运用，才能实现谋利的目的。因此，企业是一个拥有不同经济资源的多人组合体或利益共同体，企业的经济活动不是个体行为，而是群体的统一活动，企业也因此成为经济活动的主体。典型的企业将其拥有、控制的各种经济资源投入生产经营活动，从事商品生产与销售、劳务的提供都能形成经营付出以换取经营收入，在弥补经营付出的同时获得利润。

4.人们记录经营交易活动的目的

人们记录经营交易活动的目的是确定交易的结果。

人们从事经营交易的目的是赚钱。企业经营了一定时期，如一个月，赚没赚到钱，要通过交易换入量和换出量的计量和比较才能确定。企业将各种经济资源投入经营交易形成经营付出，并通过商品生产与销售、劳务的提供等换取经营收入，只有将企业经济资源收入的量与付出的量进行比较才能确定是否获利。因此，需要把经营交易形成的经济资源付出量和收入量的形成过程全部记录清楚，再将两者的量加以比较才能最终确定经营交易是否盈利。所以记录与计量企业经营交易的目的在于确定经营交易的过程和结果，进而将有关的信息提供给企业的利益相关者。

5.经营交易记录举例

【例1-3】在大学，每年毕业生离校之前都会处理一些用过的物品，如：自行车、计算机、书籍等，很多同学急于出手，所以价格往往很便宜。假如你是一个有商业头脑的学生，看到这是个赚钱的好机会，决定做收购旧自行车的经营交易。你预计需要库存现金1 500元，全部自己投入还是借入，你需要决策。自己全部投入就要减少其他方面的支出，如减少下饭店、上网吧等。全部借入，利息费用较高，自己赚的钱会减少。最终你和同学李明商定各投入库存现金500元，由你负责经营，获得的净收入（或者赔本）你们两人6：4分成，由于你负责经营，将分得净收入的6成。再向同学张立借500元，商定借期半年，利息率10%。

筹集到了做买卖需要的1 500元钱，你开始经营。用1 500元以每台30元的价格购入自行车50辆，然后在新生来了以后转手以每台40元的价格售出，获得了2 000元的收入。1 000元的本钱收回，550元的债务本息还付张立，经营结束。计算此次经营的获利情况，1 500元的自行车和50元的利息构成此次经营活动的付出，2 000元的收入与付出相抵，净赚450元。与李明4/6分成，李明分得180元，你自己得到270元。

这是一个简单但却是现实生活中可能存在的例子，是企业经营交易活动的一个缩影。此经营交易活动的基本过程和结果的相关信息数据如下：

①筹钱，你本人投入库存现金500元，李明投入库存现金500元，向同学张立借入500元，即你筹得库存现金1 500元。记录这些信息：

增加：库存现金　1 500元

增加：投入本钱——本人　500元

　　　　　　　——李明　500元

增加：借款——张立　500元

通过筹资，你手中拥有的库存现金数额和库存现金的来源即投资人、借款人投入的金额，这是将来进行利益分配的基础。

②购货，购入旧自行车50辆、每辆买价30元，付出库存现金共计1 500元。

记录这些信息：

减少：库存现金　1 500元

增加：自行车　1 500元（50辆）

通过购买交易，1 500元库存现金换成了价值1 500元的自行车。

③出货，卖出自行车50辆，每辆卖价40元，收入库存现金共计2 000元。

记录这些信息：

增加：库存现金　2 000元

减少：自行车　1 500元

同时：

增加：经营收入　2 000元

增加：经营付出（自行车变成获取收入的主要本钱）　1 500元

通过销售交易，自行车又换成了库存现金，本钱为1 500元，以此换得的收入为2 000元。

这里需要简单解释：2 000元库存现金是以买价为1 500元的自行车为代价换回的，所以2 000元是此次经营活动的收入，而1 500元是此次经营活动付出的主要部分。

④还债付息，用库存现金归还借款500元、付利息50元（500×10%）。利息支出也是经营付出的一部分。

记录这些信息：

减少：借款——张立　500元

减少：库存现金　500元

同时：

增加：利息支出（利息是获取收入而付出的部分代价）　50元

减少：库存现金　50元

记录了归还借款和支付利息的过程。

⑤计量盈利，将经营收入与经营付出进行比较。

购入自行车：1 500元，付出借款利息：50元

经营付出合计：1 500+50=1 550（元）

确定经营活动的最终成果，将总经营付出与经营收入进行比较，确定差额，差额即为利润。

经营收入：2 000元，经营付出：1 550元

利润：450元（2 000−1 550）

⑥利润分配，按照事先双方商定的分成比例分配。

李明：180元（450×40%）

你本人：270元（450×60%）

上述简单的经营过程发生了筹钱、购物、销售、归还借款付利息等具体的经营事项，到底赚没赚钱？通过上述过程的数量信息的记录可以清晰地反映出来。这些信息数据的记录与计量活动即会计。

6.会计记录、计量的标准

会计记录、计量的标准或尺度是货币。

会计在对经济活动进行数量记录与计量时，是以货币作为标准的。

在企业经济活动中运用的经济资源的实物形式是多样的，并不断变化的，而不同的实物在其实物量上无法进行直接的比较。如上例，50辆自行车和1 500元库存现金各自实物量的计量标准不同，无法直接比较其多少。但是自行车有其用货币计量的价格，如买价：1辆自行车=30元人民币；卖价：1辆自行车=40元人民币。会计以货币作为统一的记录、计量标准，对企业经济活动中的不同实物形式即经济资源增减变化的价值量信息加以记录和计量，进而将经营活动的收入与付出进行比较，确定经营成果。如上例：

会计利用货币尺度记录50辆买价为30元的自行车的价值量为1 500元，借钱的利息支出50元，进而确定总的经营付出为1 550元。

价值1 550元的付出就可以与价值2 000元的收入进行比较，确定净收入为450元。

会计利用货币计量尺度的功能，将不同形态经济资源的价值量信息加以记录和计量，借以反映经营交易的过程和最终结果。

（三）会计的基本属性

就基本属性而言，会计是信息系统。

会计是对企业经济活动的记录与计量。而典型的企业是经济资源聚合、运动的场所，其物质产品的生产经营过程本身是一个系统过程。

在企业的生产经营过程中，不同的经济资源按照自己的方式在为经营目标的实现发挥着作用。机器设备发挥着制造、加工手段的作用；原材料经过加工构成产品实体；工人运用劳动技能，借助机器设备对原材料进行加工、制成产品；管理者指挥、协调生产经营活动的运行。这个过程是一个大的系统，这个过程中运用的各种经济资源自身又是一个个子系统。如产品生产需要的原材料有多个品种，每个品种的价格不同，在产品生产中发挥的作用和消耗的数量也不同。

伴随企业生产经营活动这个系统过程的相关信息亦是一个信息系统，会计要把这个信息系统的信息加以记录、计量，自身也必须是一个系统。如就产品生产所耗用的材料而言，在会计的总系统中要为其建立一个子系统来记录，如要设总的材料账，反映材料总体的增减变化，还要按材料的不同品种分别设明细账记录每一种材料的增减变化，便于提供每种材料使用和管理的详细信息。所以，会计是一个信息系统，是由其记录、反映的对象是一个系统所决定的。

（四）会计的定义

会计的定义——**会计是客观记录与计量一个组织经济活动过程和结果信息的信息系统。**

会计定义的解释：

1.客观，按企业经济活动的本来面目去记录计量。

2.记录计量，这是会计的基本功能。

3.一个组织的经济活动过程和结果信息是会计的对象，即会计记录计量的空间范围和内容。

4.信息系统，会计的属性，即会计所从属的种属。会计是一种信息系统。

二、会计目标与企业利益相关者

（一）会计目标

1.会计目标的含义

会计目标是指人们进行会计活动欲达到的目的。会计作为一种人类活动是为实现一定目标进行的，会计目标发挥引导会计工作方向的作用。这一目标的构成往往取决于会计信息使用者的需求。

2.会计目标的构成

企业进行会计活动的目标是向企业经济活动的利益相关者提供关于经济活动的会计信息。

人们将各自的经济资源在企业组合在一起，投入经营，其目的是为谋取利益，作为企业的利益相关者，他们自然关心企业的经营情况及经营结果。会计把经济活动的过程和结果记录下来，其目的就是要向企业的利益相关者提供这些信息，使他们通过这些信息了解经济资源在企业的管理、运用和增值情况，以便于他们据以做出有利于自己的决策。如，根据会计提供的关于企业经营情况及其结果的信息，投资人觉得回报不理想，可能转让自己的股份，或者更换经营者；员工觉得相对于其他企业员工自己的工资太低，可能“跳槽”；潜在的债权人觉得公司的偿债能力还比较强，可能借钱给企业等。

（二）企业经济活动的利益相关者

企业的利益相关者——将自己拥有的经济资源投入企业的人们，以及和企业有交易的人们。

企业不同的利益相关者或直接或间接、或多或少、或现实或潜在地与企业有利益关系，因关注企业的经营活动及其结果而需要了解企业的会计信息。

如前例，你大学毕业自主创业，与同学李明共同创办的黎明制衣有限公司，这家公司会有许多利益相关者。

1.企业的投资人

李明作为公司的所有者之一，出于自身利益的考虑，他自然会关注公司的会计信息，了解公司赚没赚钱，赚了多少钱，赚了钱自己能分到多少。同时他还要利用会计信息评价你的经营业绩，决定是否与你继续合作，如果与你合作无利可图，他会选择终止合作。投资人是公司会计信息的主要需求者之一。

2.企业的债权人

A银行作为公司的债权人会关注公司偿债能力方面的会计信息。A银行要了解公司到还款期是否有足够的库存现金用于偿还借款。还要了解公司有无其他债务。如果银行觉得公司的偿债能力不足，可能停止贷款。债权人也是公司会计信息的主要需求者。

3.企业的管理者

你作为管理者更需要随时了解、掌握企业运行过程的会计信息，以便作为公司经营决策的依据。如企业的经营付出情况，销售及销售收入情况、盈利情况等。

4.企业员工

公司员工的利益也与公司密切相关，当然也关注反映公司经营业绩等会计信息。公司经营业绩情况好，员工的收入可能增加。

5.公司的供应商、购买商

公司的供应商特别是采取赊销方式的供应商会关注公司的货款支付能力的会计信息，用以判断公司有没有足够的库存现金支付货款、偿还货款。购买商也会关注记录公司产品生产情况的会计信息，如果公司的供货能力发生变化，会影响购买商的货源，进而影响其生产经营。

6.税务部门

公司所在地的税务部门要关注公司的经营收入和获得利润等方面的会计信息，因为企业的经营收入和经营利润是主要税源，是计缴税收的基础，关系到税务部门的工作业绩和国家的财政收入。

以上诸方面的利益相关者均要了解企业的会计信息，以便据以做出自己的判断与决策。

第二节 会计的产生与发展

一、会计的产生

会计是人类社会发展到一定阶段，应管理生活资料生产和分配的需要而产生的，并随着社会经济的发展而不断发展完善。

（一）会计的萌芽

会计萌芽于人类原始的记录、计量行为。

在人类社会的历史上，会计很早就产生了。在人类社会初期，由于生产力水平极为低下，人类所从事的生产活动极其简单，主要是结成群体，集体狩猎、采集，所获得的生活资料仅仅能够维持部落成员的生存，没有什么剩余。所以部落首领只凭头脑记忆就可以满足生活资料管理和分配的需要，没有在头脑以外寻求计量、记录载体的客观需要。

随着生产力水平的提高，简单工具的制造和使用，获取的生活资料数量增加，生产物品开始出现剩余。“由于生产剩余物品的出现，原始部落的经济关系随之复杂化起来。为了组织生产活动与合理分配物品，以及有目的进行食品与其他物品的储备，这时单凭头脑记数记事已无法进行下去，仅仅靠语言与手势的配合也无法达到正确传递信息的目的。这样一来，客观现实迫使人们不得不在头脑之外的自然界寻找帮助记事的载体，以及进行计量、记录的方法了。”人们在生产过程结束、分配生产物品时，要对生产物品进行清点、记录，便于其储存与分配。因而出现了在骨片、树干、石壁上刻上记号或者在绳子上打上结借以记录生产物品的分配与储存数量等原始的会计记录、计量行为，开始了简单的生产物品分配与储存的数量描述。如英国史前考古学家科登·柴尔德教授所讲："在一切情形之下，人类都在数计实在的东西——例如捉到的鲑鱼、羊栏里的羊、织品中的线等。一个旧石器时代的猎人或一个新石器时代的牧人所必须记住的那些简单的总数，可以在一根竿子上刻些缺口来记载。"

人类创造了记录、计量的符号，并找到了记录载体，标志着会计行为的开端。但这只是会计的萌芽，因为，其一，当时会计还没有成为一种专门的人类活动，是由生产和分配活动的管理者执行的附带职能。其二，刻迹记事、结绳记事是人类文明的重要开端，文字、数学、绘画艺术等恐怕均起源于此。所以这些活动不能单纯地理解为会计。但是这些符号、图案最初是用来服务于会计活动的。

（二）会计的形成

会计形成的标志是会计成为经济活动中的专门职能。

随着社会生产力的发展、人类文明的进步，为会计的形成奠定了客观基础。

由于生产力水平提高，生产物品的品种、数量增加，具备了私有制形成的物质基础，原始社会公有制开始逐渐瓦解，私有制出现。一方面，部落首领凭借自己的权力侵吞、占有大量部落的共有财产，需要有专人为其管理和记录各项财产的出入。另一方面，社会分工、商品交换的出现，经济活动日趋复杂化，使得记录经济活动的会计复杂化，具备了一定的专业性、技能性。这时，会计再作为一种附带的工作已经不能适应当时的需要，需要掌握会计技能的专门人员才能胜任。因而，会计从生产管理活动中逐步独立出来，成为专门职能。根据史书记载，远在印度太古时期的共同体里，农业上已经有了记账员，登记和记录农业上的收支以及与此有关的各种事项。在我国，早在西周时代就有了为王朝服务的官厅会计工作，朝廷委任专职官吏担任会计工作。

二、会计的发展

会计的发展从会计手段、方法的角度说，经历了原始的刻迹记事、结绳记事，单式簿记，复式簿记，成本会计，管理会计等阶段。

随着经济活动在不断地发展、变化，会计作为对经济活动进行数量记录的方法，必须适应经济活动发展、变化的要求不断地改进、创新，发展自己，否则会计的生命就完结了。

（一）单式簿记

单式簿记是在原始计量、记录行为基础上逐渐形成的记账方法。所谓单式簿记是指对所发生的经济事项只在一个账户作单方面记录的方法。如，现实中有的家庭有收支账，这种账一般设两栏，即“收入”和“支出”栏。当月获得工资收入，库存现金增加时记入“收入”栏。当购入生活用品，库存现金减少时记入“支出”栏。不设诸如“家电”“粮油”“衣物”等这些实物的相关账户来记录各种实物的增加、减少，是典型的单式记录，与历史上的单式簿记方法相似。

单式簿记方法与长期自给自足的自然经济相适应。自然经济的特点是生产和交换都是为生产者和交换者自己消费，主要不是为谋利。经济活动本身比较简单，因而，作为记录经济活动的会计方法亦很简单。

单式簿记的发展是循着官厅会计和民间会计两个线索展开的。民间单式簿记长期以“收”“付”作为记录钱物出入的符号。随着经济的发展，私人工商业逐渐开始兴盛，逐渐积累起巨大家私，自然要聘请账房先生做会计，记录家庭财物的收支与结余情况。

国家的经济活动本身比较简单，多表现为财物的单向流动，即流入或者流出。如国家的运转，需要大量财物，地方政府要向中央政府纳贡，为流入，用于中央政府的各项支出为流出。所以会计要分别详细的记录与反映财产流入和付出的情况。形成要么增加（收入）要么减少（付出）的单方面记录。以满足当时会计信息需求者的需要，便于其对财产物资实施控制。如，我国西汉王朝的赋税征收部门，并不采用统一的货币量度单位，而是以实物量度为主。即便运用到货币，也只是由于经济活动中真实地发生了货币收支业务。当时不管是国家还是民间，进行会计核算的目的主要是保证财产的安全。中国宋代的“四柱清册”，通过“旧管（期初余额）+新收（本期增加）-开除（本期减少）=实在（期末余额）”的平衡公式，可方便地了解本期账务记录是否存在差错，代表单式簿记方法的最高成就。

（二）复式簿记

当14—15世纪意大利地中海沿岸出现了马克思所说的资本主义萌芽后，单式簿记已不能适应经济发展的需要，因而在实践中产生了比较科学和完善的复式簿记方法。当时，意大利经济受到了十字军东征影响。十字军东征打开了东西方贸易的大门，造船技术带动了海上贸易的发展，这两者为以意大利为代表的欧洲大陆手工业、商业及金融业的发展奠定了基础，也促进了资本主义生产关系的萌芽和经济的快速发展。企业经济活动的大量增加并日趋复杂化，使原有的簿记方法难以适应，最终导致了簿记方法改进的一系列尝试，使借贷记账法产生。当时的银行不仅开展借贷业务，也开始办理在银行有存款的交易双方的转账业务。如甲与乙均在银行有存款，甲向乙购入商品要支付的货款，通过银行从甲的名下，转入乙的名下。在处理这一经济业务的时候，银行就要做成双重记录，即记录付款一方的存款减少，同时记录收款一方的存款增加，以反映经济业务的全貌，借贷复式记账法由此产生。

当时的商业经营更需要复式记账。商业活动是为卖而买，商品在商人手中要停留，商人为经营，还要有其他经济资源的投入。这些投入都带有垫支的性质，多半是通过货币交换而来的。对此既要记录货币的减少，又要记录商品的增加，才能既掌握和控制手中的货币又控制手中的商品。因而双重的复式记录是十分必要的。借贷记账法产生后，伴随企业经济活动的不断发展而不断完善，沿用至今没有发生明显的变化。

（三）成本会计

成本会计是工业化的产物。工业革命首先从英国开始。1764年，珍妮纺织机出现，成为纺织业从手工时代过渡到机器时代的标志。随后，水力纺织机等相继发明，使得当时英国的纺织业迅速发展。而瓦特蒸汽机的发明并应用于纺织业，最终形成了现代意义上的工业。工业与商业贸易不同，其经济活动由两个基本阶段构成：产品的生产阶段；产品的销售阶段。

产品生产阶段的资源耗费过程比较复杂，要有原材料的消耗；有机器设备的磨损；劳动力的投入以及其他经济资源耗费的发生。价值昂贵的设备和随之而来的设备报废、更新问题使折旧变得十分重要；产品从一个生产环节转向另一个生产环节过渡，需要仔细地进行记录；不同时期的产品成本要进行比较。已有的会计方法显然不能满足对其记录、计量的需要，导致成本计算方法产生，以便来记录和计量生产阶段经济资源的消耗，以确定产品生产成本的形成。

（四）管理会计

进入20世纪之后，会计在企业的管理作用日益突出起来，人们已经认识到会计是企业经济管理工作中的一个组成部分。为了配合泰罗的科学管理来提高企业的生产效率，“标准成本”“差异分析”“预算控制”“本量利分析”等方法开始引入会计工作中。管理会计在这些方法的基础上逐步形成。管理会计的突出特点是，将会计对企业经济活动的记录与计量从事后推进到事前，利用有关信息来预测企业经营的前景、参与决策、规划未来以及控制和评价经济活动，着重为企业管理层进行决策优化和有效改善生产经营效率提供相关信息、方案和策略。管理会计的出现，导致现代会计形成了财务会计和管理会计两个分支。

本章主要概念

会计、会计目标

思考题

1. 什么是会计，会计能做什么？
2. 会计的产生与发展过程说明会计与经济活动是何种关系？

第二章 会计对象与会计科目

学习目标

学习会计对象即企业经济活动的基本内容和特征、会计要素及会计要素之间的数量关系、会计科目等。

第一节 会计对象

在第一章我们已经了解到，企业经济活动的相关信息是会计记录的对象。

一、企业经济活动概述

企业从事的经济活动是将人们投入的不同实物形式的经济资源（货币、设备、土地使用权、人力资源等）在企业内部按照生产既定产品的需要而统一配置、运用，创造出满足社会需求的产品，再将以产品形式存在的经济资源在市场上销售换回更多的以货币形式存在的经济资源，实现经济资源的增值，从而达到谋利的目的。下面我们通过一个简单的制造企业（工业企业）例子，来观察、认识企业经济活动和企业谋利过程。

（一）企业经济活动

企业的经济活动即企业的生产经营活动，就一个新开办的制造企业而言，通常有四个阶段。

如第一章的例子，你大学毕业后决定自主创业，于是与同学李明共同投资开办了一家黎明制衣有限公司从事服装加工。

1.筹资阶段

筹资阶段，企业开办人要募集办企业的本钱。可吸引投资人投入资本和向银行贷款。

在此阶段，你和李明协议：李明投入库存现金6万元，你自己投入库存现金2万元，又向A银行借款2万元，公司由你经营，你的月薪3 000元，双方合作3年，每年所获利润按投资比例分成。

你们两人投入的库存现金存入黎明公司在银行开设的账户，银行借款也到账。公司筹得了10万元库存现金（银行存款是存在银行的库存现金），拥有了价值10万元的经济资源可用于经营。

2.准备与购买阶段

在准备与购买阶段，企业要按照产品生产的需要配置经济资源，具体说是用库存现金有计划、按比例地购入各种生产要素，如原材料、机器设备等，还要招聘员工。

黎明公司用库存现金支付生产用房的月租金2 000元；购入布料1 600米，计22 080元；购入各种服装加工设备12台，计12 800元；招聘员工10人，每人月工资2 000元。如此把公司拥有、控制的经济资源按照生产的需要配置、组合完成，经济资源的实物形式由库存现金转换成材料等各种生产要素。20×1年8月初公司投产。

3.生产阶段

企业将生产要素投入生产过程。在生产过程中，原材料、动力、劳动力会消耗，设备会磨损，从而制造出新的产品。在这个阶段，原有的经济资源实体如材料等被消耗掉，新的经济资源实体——产品被创造出来，完成经济资源从材料等向产品的实体转换。

假设在8月份的生产过程中，黎明公司发生下列业务：

投入1 600米、价值22 080元的布料；

用库存现金支付员工工资20 000元、经理工资3 000元；

另外支付的水电费、厂房租金、借款利息、广告费等共计为8 920元。

8月份服装产品的全部生产、经营的付出为54 000元。

全月加工完成服装1 000件，1 600米布料等原材料转换成1 000件服装产品。

4.销售阶段

企业将生产的产品在市场上销售换回库存现金，产品变成货币。在这个阶段，以产品的售出和货币的换回为标志，经营产品所耗费的经济资源被收回并实现增值。

如上例，在销售阶段，黎明公司8月份生产的服装1 000件全部售出，每件售价63元，获得库存现金收入63 000元，1 000件产品变成了63 000元的库存现金。为获得63 000元库存现金收入而付出的代价为：材料耗费22 080元、员工工资23 000元、水电费和广告费等8 920元，共计54 000元。

从企业经营的角度看，本月份，黎明公司的经营收入为63 000元，经营付出

（代价）54 000元，两者相抵：

63 000-54 000=9 000（元）

确定公司20×1年8月份经营获利9 000元（税金和设备折旧等省略）。从这一例子中可以观察到企业经营的谋利过程和结果，概括地说，货币变成材料，材料变成了产品，产品换回了更多的货币。

会计的目标是向经济活动的利益相关者提供会计信息。会计欲实现自己的目标，需将反映经济活动具体内容的信息完整地收集、记录下来，再经过系统加工、整理后提供给会计信息的需求者。

（二）企业经济活动中生成的经济资源信息

1.信息

从哲学角度说，信息是物质存在方式和状态的自身显示，这种显示可以是物体本身直接的显示，也可以是借助其他载体的间接显示。如我们可以凭肉眼直接看到月亮，也可以通过嫦娥3号卫星传回来的照片观察月亮。前者是月亮状态的直接显示信息，后者则是照片这一载体对月亮状态的间接显示，这种通过照片所显示的月亮的状态、特征等即间接显示信息。

在现实生活中，人们获取的绝大多数信息都是通过各种媒介、载体传播或提供的某些物体、事件的间接显示信息。如广播、电视、报纸、互联网等传播着国内外大量事件的信息，使得我们足不出户便知天下事。

伴随着企业的经济活动会产生大量的直接和间接信息。直接信息是我们直接观察到的经济资源实体信息。如黎明公司的生产厂房、设备、制作服装的面料、制成的服装等。间接信息被记录于具体经济活动发生时生成和获得的各种载体之中，包括大量的实物量信息和价值量信息。间接信息借助于这些不同的载体记录与传递。如黎明公司购货时，销货方开具的发货票记录了所购货物的品名、数量、单价、金额等诸多信息。发票脱离所购货物独立存在，记录、反映其各种特征。通过这张发票我们可以了解到关于货物的实物量和价值量信息，如购入多少货物，货物值多少钱等。没有这些载体对有关信息的记录与描述，人们无从了解企业经济活动的具体内容，也就无从了解经济活动的过程与结果。

2.实物量信息

通过上述实例对企业经济活动过程的描述，我们首先看到，在企业经营活动中经济资源实物形式交替转换和数量此减彼增的变化、运动过程。这一过程可以简单概括为：

货币→材料等→产品→货币

在购买阶段，用货币购入材料，货币少了，材料增加了，货币换成材料等。实物的变化：货币→材料，材料准备用来加工成产品。

如前例，购买阶段，用库存现金购买设备、材料等，材料设备多了，库存现金少了：

库存现金22 080元→1 600米布料

库存现金12 800元→10台设备

在生产阶段，材料投入生产加工成产品，材料少了，产品形成了，材料变成产品，完成材料向产品的实体转换。实物的变化：材料等（包括工人劳动1 540小时、耗电1 000度等）→产品。

生产阶段，布料加工成服装：

1 600米布料等→1 000件服装

在销售阶段：产品在市场上售出，换回货币，产品少了，货币增加了，产品换成了货币。实物的变化：产品→货币。

销售阶段，服装全部售出，服装换成库存现金：

1 000件服装→63 000元库存现金

如果我们在黎明公司现场得以观察到货币→材料，材料→产品，产品→货币的经济资源的实物转换带来的直接实物信息。同时会通过各种载体获得间接实物量信息，库存现金22 080元→1 600米布料；1 600米布料等→1 000件服装；1 000件服装→63 000元库存现金。

通过实物量信息我们知道公司投入了多少米布料（投入多少工时、多少度电）、生产了多少件产品，通过销售收回了多少库存现金，但是实物信息没能反映出公司盈利是多少，卖出的1 000件服装和收回的63 000元库存现金无法直接比较谁多谁少，所以经营交易的结果是赚钱还是赔钱无法确定。

实物的计量采用的是经济资源各自不同的实物量单位，无法直接相加，因而也无法计量企业经济活动中材料到产品实物转换过程中所消耗的各种经济资源总量，也就无法计量经济活动的最终结果是盈利还是亏损，但实物量信息是计量价值量信息的基础。

3.价值量信息

通过上述实例对企业经济活动过程的描述，我们看到，在企业经营活动中伴随经济资源实物量信息的变化、运动过程的还有用货币计量的价值量信息。这些价值量信息的变化过程可以简单概括为：

购买阶段，用货币购入材料等，按照材料和设备的市场价格，22 080元库存现金换成价值为22 080元的材料，12 800元库存现金换成价值为12 800元的设备，其价值量信息的变化：

库存现金22 080元→22 080元（1 600米）布料；

库存现金12 800元→12 800元（10台）设备。

生产阶段，为生产产品投入的材料、人工费用，支付的电费、广告费等共计54 000元（在这里我们假定所有这些为生产、销售产品而消耗的材料、付出的费用等均构成产品的价值），其价值量信息的变化为：

54 000元材料、人工等费用→价值54 000元产品。

销售阶段，产品按市场价格每件63元全部售出，获得货币收入63 000元，其价值量信息的变化为：

54 000元产品→63 000元库存现金。

企业的经营付出为54 000元，经营收入为63 000元，换入大于换出，盈利9 000元。

公司的谋利过程的价值量信息变化可概括为，经营过程：

54 000元库存现金→54 000元材料等→54 000元产品→63 000元库存现金。

经营结果：

63 000-54 000=9 000（元）

公司盈利9 000元。价值信息记录、计量了企业盈利的过程和结果。至此，人们得以明确公司盈利与否和盈利多少。

上例说明，我们能在企业现场直接观察到产品的生产销售过程，但看到的只是企业厂房、机器、材料、产品等实物及其信息。这个过程的实物量和价值量信息均是对企业经济活动中经济资源间接显示的信息，均被记录在一些特定载体上。如购买材料信息被记录于购货发票；产品成本信息记录于成本计算单；销售信息记录于销售发票等。这些分散的信息需要会计进一步的收集、记录、加工，从而形成全面记录与反映企业的经济活动的价值量信息。

4.价值信息的特点

价值是经济资源的交换能力和变现能力。货币是衡量价值尺度。马克思认为，货币作为价值尺度是把商品价值表现为同名的量，使它们质的方面相同，在量的方面可以比较（马克思《资本论》第一卷）。所以经济资源的货币量即其价值量。1万元的设备是指其价值是1万元，其价值的高低是用货币衡量的。

了解经济资源的价值和价值量具有重要的意义。

首先，用货币衡量价值使不同经济资源实物具有了同质性，可以在数量上相加、汇总，进而确定企业拥有和控制的经济资源的总量。如黎明公司拥有价值12 800元的设备、22 080元材料和65 120元库存现金，其经济资源总量（价值）是100 000元。

其次，价值实现了投资人对物的实体权利与对物的价值权利的分离，使得投资人对经济资源实物的所有权可以转化为对其价值的所有权，解决了投资人对企业经济资源占有形式的问题。投资者的所有权不再指向物本身，而指向物的价值，使经济资源的所有权得以通过价值来量化。所以所有者对经济资源的所有权，体现为对其价值的所有权。如前例，你向黎明公司投资20 000元，对黎明公司全部经济资源中20 000元拥有所有权。

再次，价值使得企业的经济资源可以按所有者占有经济资源的价值量来分割。企业所占有的各种经济资源在实物上具有整体性，是不可分割的，材料离开设备，设备离开厂房，均难以发挥各自的作用。你投入厂房，不意味厂房是你的，你投入设备不等于设备归你，你不可以随意处置。另外，企业的经济资源实物总是处在运动、变化的过程中，如用库存现金购入材料，库存现金变为材料；材料投入加工又变成产品，所以企业经济资源的所有权不可能钉在实物上。有了价值就可以用投资人投入经济资源实物的价值量来确定不同投资人对企业经济资源所有权的多少。如李明向公司投资60 000元，拥有公司经济资源中的60 000元，占75%，你自己投资20 000元，拥有公司经济资源中的20 000元，占25%。

最后，价值信息可以完整记录、反映企业谋利过程和结果。企业在产品制造过程中，材料等的原有价值为产品所吸收，转移为产品的生产价值，产品通过销售获得产品的销售价值，销售价值中包含了增值的部分。公司的谋利过程的价值信息变化可概括为：

54 000元库存现金→54 000元材料等→54 000元产品→63 000元库存现金。

63 000−54 000=9 000（元）

黎明公司经营一个月盈利9 000元。价值信息记录了企业盈利的过程和结果。借此，人们得以明确公司盈利与否和盈利多少。

（三）企业利益相关者需要信息的确定

通过上面的分析，我们已经了解了作为会计对象的企业经济活动，那么会计如何把构成企业经济活动的、日常大量的具体交易和事项信息记录下来，再通过计量、加工把经济活动信息转化为满足企业利益相关者，主要是投资者需要的会计信息呢？会计要提供能够满足企业利益相关者的信息，就需要清楚他们需要什么信息，并以此为目标来归集、加工、提供信息。

投资人把自己所有的经济资源投向企业的目的是谋利。所以投资人最关心的是企业是否盈利，盈利自己可得到多少。投资人投入的经济资源是盈利和分利的基础，盈利则是经济资源的增值。所以企业拥有和控制多少经济资源、经济资源经过运用增值了多少，就是会计要收集、加工和生成的基本信息。

1.企业拥有经济资源的信息

当投资人向企业投入经济资源时，企业获得了经济资源实体，便生成了企业拥有经济资源的相关信息。这些信息包括两个方面：经济资源实物信息和其所有权归属信息。

会计记录经济资源实体的增加量和其所有权归属于谁便可提供这方面的信息。如前黎明公司的例子，李明投入库存现金60 000元，你自己投入库存现金20 000元。会计可以记录公司拥有和控制的经济资源是80 000元库存现金，其中60 000元记入李明的名下，20 000元记入你自己名下，一方面明确企业经济资源的归属，另一方面为日后公司实现利润的分配提供基础。

2.企业盈利的信息

概括地说，企业运用经济资源是将投资人投入的经济资源在企业内部配置、运用的过程，从而完成货币向材料，材料向产品，产品再向货币的实体转换，经济资源伴随其实体转换过程便生成了盈利信息。如前例，黎明公司谋利的基本过程：54 000元库存现金→54 000元材料等→54 000元产品→63 000元库存现金。

经营收入为63 000元，经营付出为54 000元，63 000−54 000=9 000（元），公司盈利9 000元。

利润分配：李明，9 000×60 000÷80 000=6 750（元）。

你自己，9 000×20 000÷80 000=2 250（元）。

可见，会计可以通过收集、记录经营付出和经营收入形成的信息再将二者相抵确定盈利信息。

从前述黎明公司经营过程四个阶段的例子我们会看到，企业利益相关者需要的投资和盈利信息客观地、分散地存在于企业日常的经济活动之中，会计则运用自身特有的方法、手段将这些经济资源的相关信息收集、记录、加工，最后提供给企业的利益相关者。

二、会计要素

（一）会计要素的含义

会计对象是会计要记录计量的客体，即会计要记录与计量的是什么。会计要记录计量的是企业经济活动中经济资源信息且主要是其价值信息。

会计要素是构成会计对象的不同组成部分。会计要记录与计量会计信息需求者关注的企业拥有和控制的经济资源的多少、经济资源所有权归属、经济资源的增值多少等信息，这些信息构成了会计对象的不同要素。

1.企业拥有和控制的经济资源及其所有权归属信息

企业拥有和控制的经济资源，不管其实物形式是什么都是投资人投入用来谋利的本钱，能够带来更多的、不断地经济资源的流入。资源即利益，经济资源流入企业也是经济利益流入企业。会计上将企业拥有和控制的经济资源实体界定为“资产”。如，库存现金、原材料、机器设备等。

投资人向企业投资，拥有企业资产的所有权，包括其对投入企业经济资源的权利和增值经济资源的权利。他们凭借这一权利的大小来分得企业的利益。会计上将企业拥有和控制经济资源的所有权归属界定为“权益”。

如果是投资人投入的资源，其所有权归属于作为投资人的所有者，此部分经济资源的所有权归属在会计上称为“所有者权益”。

经济资源如果是借入的，形成企业的债务，此部分经济资源的所有权归属于债权人，是债权人权益，但是在会计上习惯将债权人权益称为“负债”。

2.经济资源增值信息

在制造业，经济资源的增值是通过材料向产品的实体转换再将增值产品售出实现的。在这个过程中投入材料、人工、动力等的价值则为产品所吸收构成产品价值。在经营过程中企业还要发生广告费用、利息费用等。企业销售的产品、以库存现金支付的各种费用是经济资源的付出，是经济资源增值的代价。产品售出收取货款，经济资源流回。企业在经营过程中经济资源付出量与流回量的差额即增值额。

会计上将因产品售出、费用支付而流出的经济资源界定为“费用”。因产品售出收取货款而流入的经济资源界定为“收入”。费用为取得收入而发生，收入因付出费用而换取，收入和费用两者相抵是经营活动的成果。会计上将收入和费用相抵的结果界定为“利润”。

如此，会计要素概括为：

资产——经济资源实体；

权益，包括所有者权益和负债——资产的所有权归属；

收入——通过经营活动获得的经济资源的流入；

费用——经营活动中为获得经济资源的流入而发生的经济资源流出；

利润——经营活动中经济资源净增加量。

（二）会计要素的解释

1.资产

（1）资产的含义

资产是企业拥有或者控制的主要以各种实物形式存在并能够确切计量的经济资源。资产是概括经济资源存在实物形式的概念，是企业组织生产经营活动进而获利的物质条件，有了这些物质资源，企业才能进行生产经营活动，才能带来经济资源的增值。

（2）资产的构成

①流动资产，是能在较短的时间内转换为实物形式的资产。如银行存款，企业可以用来购买原材料，银行存款变成原材料，材料投入生产会转换成产品。所以银行存款和原材料都是流动资产。流动资产还包括库存现金、应收账款、产成品等。

②固定资产，是使用年限较长、单位价值较高的有形资产，主要包括机器设备、运输设备、房屋建筑等。

③无形资产，是使用年限较长、单位价值较高的非有形资产，包括专利权、土地使用权等。

2.负债

（1）负债的含义

负债是企业由已经发生的经济业务（如向他人借款或赊购商品）形成的偿付义务。履行这一义务预期会导致企业经济资源流出。负债是企业经济资源中其价值所有权归属于债权人的部分，是企业经济资源的主要来源之一，也称债权人权益。企业介入的经济资源有固定的使用期限和使用代价，债务到期，债权人要收回这部分经济资源同时收取利息或定期收取利息。

（2）负债的构成

①流动负债，是偿还期限在1年以内的负债，包括短期借款、应付账款、应付职工薪酬、应交税费等。

②非流动负债，是偿还期限超过1年的负债，包括长期借款、应付债券、长期应付款等。

3.所有者权益

（1）所有者权益的含义

所有者权益是企业经济资源中所有权归属于投资人的部分，也是企业经济资源的主要来源之一。会计上把投资人对企业投资的所有权定义为所有者权益，表明投资人对企业经济资源的所有权。谁对企业投资谁就拥有企业经济资源的所有权，谁才有权参与未来经济资源增值部分的分配。所有者权益不仅规定了企业经济资源的归属，而且规定了经济资源带来未来增值的归属。由于企业实现利润的分配要以投资额为依据，所以会计上首先要记录投资人向企业投入经济资源的总量及其各自占有份额的情况，提供相关信息。

（2）所有者权益的构成

①投入资本，会计上称为实收资本，是投资人按合同或协议规定投入企业、归属于投资者个人名下的经济资源。

②资本公积，是归企业所有者共同所有的经济资源，包括资本溢价、接受捐赠资产等。

③ 利润，是企业一定时期的最终经营成果。

4.费用

（1）费用的含义

费用是企业在一定时期为获得经营收入而流出的经济资源。如已售出的产品、支付的广告费、利息费等。所以费用具有垫支的性质。费用的垫支性质使费用性经济资源流出得以区别于购入原材料、设备等发生的经济资源流出和分配利润、偿还债务等导致的经济资源流出，便于计算企业的经营成果。广义的费用也包括与经营活动没有直接关系的但要由企业承担的某些非经营支出和经济资源损失，如自然灾害带来的损失、企业资产的市场价格下降的损失等。

为计算经济活动的最终结果，费用要专门记录，以便与收入相比较进而确定盈亏。

（2）费用的构成

①已售出产品的制造成本或称生产费用。企业生产产品的费用包括投入的原材料、人工费用和设备磨损等制造费用，企业生产出的产品卖出去才能换回收入形成费用，没有卖出的没有形成费用。所以费用的主要部分是已售出产品的生产费用。

②为产品生产经营发生的其他经营费用，包括管理生产经营活动发生的管理费用、为销售产品发生的销售费用、为取得借款要支付的财务费用即利息费用。这三

项费用由于与产品生产没有直接关系，不记入产品的生产成本，按其发生的时间计量，所以被统称为期间费用。

③营业外支出，营业外支出是与企业经营活动无关的又由企业负担的经济资源流出，如自然灾害造成的损失等。

④上交国家的各种税费等。

5.收入

（1）收入的含义

收入是企业在一定时期通过经营活动获得的经济资源流入。如已售出产品换回的库存现金，对外投资获得的分红等。强调收入的经营性质是为区别于投资人投入经济资源、债权人借入经济资源、接受捐赠等形成的经济资源流入，以便计算经营成果。

广义的收入也包括与经营活动没有直接关系的但归属企业的非经营收入，如接受捐赠的资产等。所以广义的收入包括与经营活动有关的经营收入和与经营活动无关的非经营收入等。

收入总是在企业经济活动中以费用为代价换取的回报。为计算经济活动的结果，要将收入专门记录，进而与费用相比较以确定盈亏。

（2）收入的构成

广义的收入包括与经营活动有关的营业收入和与经济活动无关的非营业收入。

①营业收入，是企业经营活动所获得的收入，包括产品销售收入、出售原材料获得的其他业务收入、股票投资获得的投资收益等。

②营业外收入，是与企业经营活动无关的收入，如罚款收入等。

6.利润

（1）利润的含义

利润是企业一定时期经营的成果。

（2）利润的形成

利润是收入和费用相抵的结果，是流回经济资源中的增值部分，由收入与费用相抵形成，两者的差额如果是正数为盈利，如果是负数为亏本。如前例：黎明公司8月份的经营费用是54 000元，经营收入63 000元，收入与费用相抵，获利9 000元。

三、会计等式

会计等式即会计要素之间的数量关系。

（一）会计等式的内容

1.资产与负债、所有者权益的关系

如前所述，企业的资产来自两个方面：投资人投入和向债权人借入。资产中所有权归属于投资人的部分为所有者权益；资产中所有权归属于债权人的部分为负债。所以，资产与负债及所有者权益的关系可以用以下等式表示：

资产＝负债+所有者权益

这一等式反映了三方面的意义：

（1）企业占有资产的来源。企业通过两个基本渠道获得资产：所有者投入和向债权人借入。

（2）表明企业资产的所有权归属，即归属于债权人和所有者。第二点还必须说明的是，企业经过一定时期的经营，正常情况下会形成增量资产，即经营过程中收回经济资源大于付出经济资源的部分。这部分资产不是所有者直接投入的，但是他们投入资产带来的，因为没有所有者投入的资产就不会有增量资产，所以增量资产最终也归属所有者。

（3）资产与负债和所有者权益的数量关系。资产总额与负债和所有者权益之和在数量上是相等的。

因为资产与负债或是与所有者权益是企业经济资源相互联系的两个方面。资产是经济资源的实物形式，而负债、所有权益是经济资源的所有权归属。这里的所有权、债权是对一定量经济资源的所有权，经济资源是所有权、债权的客体、指向物。等量权益等于等量资产，所以两者是相等的、平衡的。

如上例，黎明公司初建时的资产与负债和所有者权益的状况：

资产：库存现金100 000元；

所有者投入：80 000元；

银行借款：20 000元。

三者的关系：资产=负债+所有者权益

资产100 000元=负债20 000元+所有者权益80 000元

表明：黎明公司拥有资产总额100 000元，其中投资人投入80 000元，从银行借入20 000元。

2.收入、费用与利润的关系

收入是企业在一定时期通过经营活动获得的经济资源流入，费用是为获得经营收入而流出的经济资源，利润是收入与费用之间的差额。所以三者的关系可以用如下等式表示：

收入–费用=利润（亏损）

黎明公司8月份的经营过程和结果情况：

经营收入：63 000元，经营费用：54 000元，

收入减费用：63 000–54 000=9 000（元），公司盈利9 000元。

这一等式反映了三方面的意义：

（1）反映经济活动的过程和结果。如前述，经济活动是以本谋利的过程，在这个过程中会发生费用支出，会获得以费用为代价换取的收入。收入与费用比较的差

额是利润。

（2）收入首先要用于补偿费用。这种情况下，收入大于费用才有利润，否则就会发生亏损。

（3）利润是资产增量。费用就其相对应的实物形态而言是经济活动中耗费的资产。收入就其相对应实物形态而言是企业通过销售商品、提供劳务及让渡资产使用权等交易收回的资产。利润是收入与费用的差，是收回资产大于付出资产的差，所以是一定经营期间的增量资产。

如上例，黎明公司8月份一个月经营下来，获得经营收入63 000元，发生费用共计54 000元，相关数据带入等式：

收入63 000元-费用54 000=利润9 000元

上式表明，经营活动换回的资产63 000元，补偿耗费付出的资产54 000元后，剩余9 000元为新增资产。

3.两个会计等式之间的关系

两个会计等式的关系即所有六个会计要素之间的数量关系，由于利润是新增资产，所以六个要素的关系可以用如下等式表示：

资产=负债+所有者权益+收入-费用

六个会计要素的关系式有两方面意义：

（1）企业经营一定时期会带来资产增量，在新的时点达到新的平衡。而增量部分为收入减费用的差，说明资产增量的原因。

（2）关系式表明收入是导致所有者权益增加的因素，费用是导致所有者权益减少的因素。

如上例，8月末各会计要素的数量关系：

资产=负债+所有者权益+收入-费用

资产109 000元=负债20 000元+所有者权益80 000元+收入63 000元-费用54 000

（二）企业发生经济活动对会计等式的影响

会计等式的平衡取决于其记录的对象。会计记录的对象——经济活动，即交易，交易是等价交换，交易的结果导致经济资源的变化本身是平衡的、等量的，会计仅仅是对经济活动导致经济资源价值量变化的记录和再现，所以记录的结果自然是平衡的。

企业的经济活动虽然多种多样，但是就经济活动所引起经济资源的数量变动原因即影响会计等式平衡关系情况而言，只有四种情况，即经济资源进入企业；经济资源退出企业；经济资源在企业内部的配置与运用；经济资源增值。

1.经济资源进入企业

当企业接受投资或借款使经济资源进入企业时，企业拥有、控制的经济资源总量增加，资产和权益要素作为同一经济资源的两个方面会同时增加，即会计等式两边同时等量增加，不影响等式的平衡。如李明向黎明公司投入货币60 000元，对于公司而言，是货币资产增加60 000元，同时，李明名下的所有者权益增加60 000元。

2.经济资源退出企业

当经济资源退出企业时，企业占有经济资源的总量减少，资产和权益两要素作为同一经济资源的两个方面又会同时减少即会计等式两边等量减少，不影响等式的平衡。如假定黎明公司归还银行借款10 000元，货币资产减少10 000元，同时银行借款减少10 000元。所以经济资源进入和退出企业不会使会计等式失去平衡。

3.经济资源在企业内部的配置与运用

当经济资源进入企业后，要按照经营活动的要求使用与配置、转移与耗费，反映资产不同实体形态在空间上的并存性和时间上的继起性特征。在空间上，各种形态资产同时存在，在时间上各种形态的资产又不断更迭，此增彼减：从货币到材料；从材料到在产品；从在产品到产成品，依次过渡。这种变化改变的是资产的内部结构，变化的结果是一种资产减少，另一种资产等量增加，而资产总量没有变化，等式一边的一个具体项目的增加，另一个具体项目的减少。会计等式两边的平衡不会打破。如黎明公司用银行存款27 600元购入布料，银行存款减少27 600元，同时材料增加27 600元；货币资产减少，材料资产增加，资产的实物形态变化，价值总量没变化。

4.经济资源增值

企业售出产品，包括两个环节：产品实体转移和货款收回。产品实体减少，经济资源流出企业，资产减少，转为费用，费用等量增加，会计等式一边的资产减少而费用等量增加。不会影响会计等式平衡。货款的收回，库存现金增加，经济资源流入企业，资产增加形成收入，收入等量增加，会计等式两边等量增加，不影响会计等式的平衡。

因此，企业不论发生何种经济活动，只会引起经济资源两方面资产和权益等量增加、等量减少、资产自身的等量此增彼减的变化，自然不会破坏会计等式的平衡性。

如前例，黎明公司8月份的经营过程和结果，见表2-1。

四、会计对企业经济活动的记录方法和计量尺度

会计要把企业经济活动过程描述下来，就要记录在此过程中各种经济资源量的增加、减少变动，跟踪其变化的过程和结果。会计采用的记录方法是复式“借贷记账法”，该方法在账簿中设有“借方”和“贷方”两个记账方向，用于记录经济资源量的增、减变动。这种方法将在第三章专门讲述。

而在企业经济活动过程中每一种经济资源的增加、减少变动数量的确定往往要借助于某种计量尺度：实物量计量、劳动量计量和货币量计量。

表2-1　　黎明公司8月份经济活动对会计要素的影响　　单位：元

经济活动	资产	权益	收入	费用	利润
①筹资	库存现金 100 000	100 000			
②准备	库存现金 -40 400 材料 +27 600 设备 +12 800				
③生产	产品 +54 000 库存现金、材料-54 000				
④销售	库存现金 +63 000		+63 000		
	产品 -54 000			+54 000	
					+9 000
资产权益变动	109 000	109 000			

首先，实物量计量。实物计量是用实物量单位记录、计量经济资源实体的变动，如黎明公司购入布料2 000米，销售服装1 000件。实物计量使我们知道了购入布料和销售服装数量的信息。但是实物计量有局限，不同种经济资源的实物性质不同、计量单位不同，无法直接加总，无法表示企业占有经济资源的总量和生产过程中被产品所耗费的经济资源总量。如，加工一批服装，耗费的布料用米计量；耗用的电力用度计量，两者无法相加，不能确定经济资源总的耗费。

其次，劳动量计量，即劳动时间计量。劳动时间计量是以劳动的单位时间如小时计量，有单一性，只能计量劳动力的投入量、消耗量。

最后，货币量计量。货币作为一般等价物，具有价值尺度的功能，因此可以作为任何经济资源价值的计量尺度。

会计以货币为计量尺度，根据各种经济资源的价格，记录在企业经济活动中所投入、运用和耗费的各种经济资源的价值量。不同经济资源价值量具有同质性，会计便可统一用货币量描述、记录经济活动所导致的各种不同经济资源的价值数量变动。因此会计是以货币计量为主，辅之以其他两种计量尺度，而货币计量是会计的基本特征，通过货币计量，才能达到会计记录与计量的目的。

如经济资源的实体变化：

货币→材料等→产品→货币

只能反映经济资源实体形式的变化过程，无法表明其量的变化过程。

而用货币计量：

货币（量）→材料、动力、人力等的货币量→产品耗费的货币量→产品销售收入的货币量。

如前例，对黎明公司8月份经营过程用货币量描述的结果为：

54 000元库存现金→54 000元的原材料等→54 000元的产品→63 000元库存现金，即少了54 000元库存现金，增加了54 000元材料等；少了54 000元材料等，增加了54 000元产品；少了54 000元产品，增加了63 000元库存现金，同时是增加63 000元收入，增加了54 000元费用，收入与费用相抵，实现9 000元利润。

所以，只有用货币计量才能实现对经济活动的数量描述。

第二节 会计科目

一、会计科目的含义、意义和分类

（一）会计科目的含义

会计科目是构成各会计要素的具体项目。如资产由存货、应收账款、固定资产等具体项目构成；负债由银行借款、应交税费、应付账款等具体项目构成。

（二）设置会计科目的意义

每一会计要素都由不同的具体项目构成，不同的具体项目的性质和在企业经济活动中的作用均不相同。如资产中，库存现金、原材料、机器设备各自的特性和在经济活动中的作用都不同。按照这些具体项目记录并提供相关信息，可以使管理者了解不同资产各自的状况，以便更有效地加以运用和管理，可以使投资人、债权人了解资产的结构，借以分析资产质量、分析企业的偿债能力等。如机器设备作为劳动手段用于加工产品，且使用寿命较长，可在多个生产周期中为产品生产活动服务，将其与其他资产分离，作为单独的一类资产加以记录，才能正确计量描述它的磨损、耗费的价值。再如，企业的运行需要大量的现金，没有足够的现金，经营活动会停滞。因而管理者、投资人更多关注企业的现金量，会计必须提供现金的存量、流量等信息。管理者和债权人都关注企业的债务状况，所以，负债不仅要划分非流动负债、短期负债，更要记录清楚企业都欠谁的债。据此，管理者便于及时筹集钱款还债，便于债权人了解企业的债务结构，结合偿债能力，分析自己债权的安全性等（如果企业的债务过多，就可能导致无力偿还债务的危机，损害债权人利益），所以负债要按债权人细分，分别记录与反映。

综上所述，将会计对象仅划分为基本的会计要素，按会计要素提供会计信息还过于粗略、概括，不能满足会计信息使用者的多方面需要。因此，为了全面系统地描述、记录经济活动，就需要按照构成会计要素的具体项目进一步细分各个会计要素，按照具体的资产、负债、权益项目设置记录的项目，进而形成了会计科目。

（三）会计科目分类

会计科目是构成会计要素的具体项目，所以自然按会计要素的不同进行分类。

1.资产类
2.负债类
3.所有者权益类
4.收入类
5.费用类

二、会计科目的内容和级次

（一）会计科目的内容

在会计实务中要设置哪些会计科目，一般取决于构成会计要素的具体项目。

在我国，为方便企业设置会计科目，目前由中央的财政部门统一规定。企业可根据本企业的特点选择使用统一的会计科目。常用会计科目表见表2-2。

表2-2　常用会计科目表

序号	编号	会计科目名称	序号	编号	会计科目名称
一、资产类			30	2241	其他应付款
1	1001	库存现金	31	2501	长期借款
2	1002	银行存款	32	2502	应付债券
3	1012	其他货币资金	三、所有者权益类		
4	1101	交易性金融资产	33	4001	实收资本
5	1121	应收票据	34	4002	资本公积
6	1122	应收账款	35	4101	盈余公积
7	1123	预付账款	36	4103	本年利润
8	1131	应收股利	37	4104	利润分配
9	1132	应收利息	四、成本类		
10	1221	其他应收款	38	5001	生产成本
11	1402	在途物资	39	5101	制造费用
12	1403	原材料	五、损益类（收入、费用类）		
13	1405	库存商品	40	6001	主营业务收入
14	1511	长期股权投资	41	6051	其他业务收入
15	1531	长期应收款	42	6111	投资收益
16	1601	固定资产	43	6301	营业外收入

续表

序号	编号	会计科目名称	序号	编号	会计科目名称
17	1602	累计折旧	44	6401	主营业务成本
18	1603	固定资产减值准备	45	6402	其他业务成本
19	1604	在建工程	46	6403	营业税金及附加
20	1701	无形资产	47	6601	销售费用
21	1702	累计摊销	48	6602	管理费用
二、负债类			49	6603	财务费用
22	2001	短期借款	50	6701	资产减值损失
23	2201	应付票据	51	6711	营业外支出
24	2202	应付账款	52	6801	所得税费用
25	2203	预收账款			
26	2211	应付职工薪酬			
27	2221	应交税费			
28	2231	应付利息			
29	2232	应付股利			

注：上表为简化的会计科目表。

（二）会计科目的级次

会计科目按其反映信息的详细程度，可分为总分类科目（又称总账科目或一级科目）和明细分类科目两个基本级次。

1.总分类科目是按照会计要素的具体项目进行设置，记录，提供该项目总的核算数据和信息的科目。前述会计科目表中所列会计科目都是总分类科目，也称为一级科目。

2.明细分类科目是按照某一总分类科目所含的详细项目设置、记录，提供该详细项目核算数据和信息的科目。如在“应付账款”总分类科目下，可按具体的债权单位分设明细科目，具体记录应付给哪个供货单位的账款、账款金额，如“应付账款——甲公司”“应付账款——乙公司”。在会计实务中，大部分总分类科目下都需要设置明细科目。

为了适应经营管理工作的需要，有的总分类科目下所设的明细科目还要进一步分层，也可以在总分类科目与明细分类科目之间增设二级科目。二级科目是介于总分类科目和明细分类科目之间的科目，它提供比总分类科目详细，比明细分类科目概括的核算数据、信息。下面以黎明公司的“原材料”科目为例说明总分类科目、二级科目、明细分类科目之间的关系（见表2-3）。

表2-3　**科目级次示例表**

总分类科目（一级科目）	明细分类科目	
	二级科目	明细分类科目
原材料	棉布	纯棉 涤棉
	麻布	亚麻 黄麻
	化纤	

这样分层设置原材料的会计科目，可以通过总分类科目提供原材料总的信息、数据，如本期的原材料增加多少、减少多少，期末库存多少。通过明细科目可以进一步提供原材料中的棉布、麻布、化纤等不同具体原材料的有关信息、数据，满足对原材料进行管理的信息需要。

本章主要概念

资产、负债、所有者权益、费用、收入、利润、会计科目

思考题

1. 什么是企业经济活动，会计为什么要记录经济活动？
2. 会计要素是如何确定的？
3. 如何理解会计等式的平衡？
4. 会计为什么要以货币为计量标准？
5. 为什么要设置会计科目？

第三章 记账方法

学习目标

学习账簿、账户的含义，复式记账原理，借贷记账法的内容、特征，借贷记账法应用。

第一节 账、账户与账簿

一、账的含义

对于账的含义有三种解释。

第一，账即账项，是会计记录的内容。所以账是企业所发生的需要会计记录的各种具体的经济活动或称经济业务，如采购原材料、向银行贷款等等。明确会计记账要记录什么内容。

第二，账即账本、账簿，是记录会计对象的载体，即用来记录企业发生的各种经济业务的物体。如有订本账、活页账等。账簿中的账页有一定的格式以规范和方便记录经济业务。

第三，账即账户，是在账簿中为记录特定内容划定的特定空间，这一空间记录该特定的内容。如“库存现金”账户是在账簿中划定的用于记录企业库存现金的增减变动的空间，“原材料”账户是在账簿中划定的用于记录材料的增减变动的空间。

在本教材中谈及“账”适用于第一种解释。

二、账簿的含义

（一）会计账簿的概念

会计账簿，简称账簿[①]，是由具有一定格式的若干账页所组成的，以会计凭证为依据，用以分类地记录经济业务的会计信息载体。实务中的账簿如图3-1所示。

图3-1　实务中的账簿

（二）账页的基本格式

经过长期的演变和完善，借贷记账法的账页形成了沿用至今的基本格式——T形账。T形账的结构如图3-2所示。

图3-2　T形账的结构

其基本格式为分设左右两方，左方为借方，右方为贷方。企业发生经济业务导致经济资源量的变化仅为增加和减少，所以两个方位分别用于记录增加和减少的变化。但到底哪一方反映增加，哪一方反映减少，取决于账户的性质。会计实务中的库存现金总分类账户如图3-3所示。

三、账户

（一）账户的含义

账户是在账簿中为按不同会计科目记录而划分、设置的特定空间，以便记录与提供该科目的信息。

账户要以会计科目为名称。如库存现金账户，是在账簿中为记录库存现金的增减变动设定的空间，只记录涉及库存现金收入、支出的经济业务。原材料账户是在账簿中为记录材料增减变动设定的空间，只记录经济业务引起的原材料的增减变动。

① 账簿（Book），英文很形象，是记录经济业务信息的载体，如书籍是知识的载体。

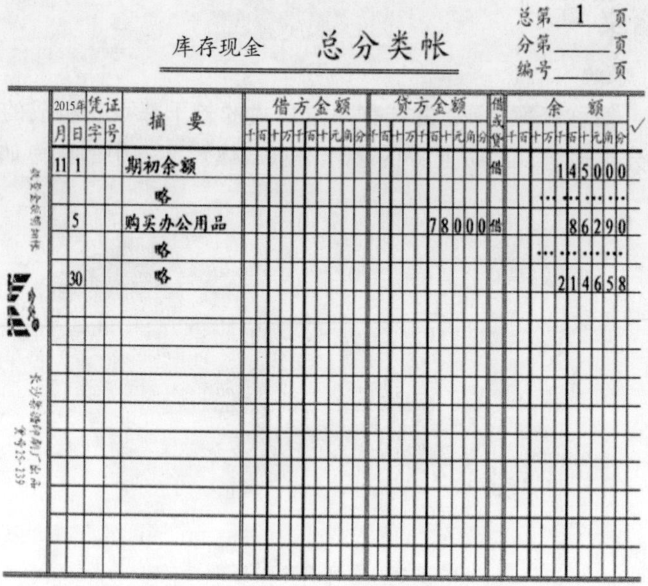

总第 1 页
分第 页
编号 页

库存现金 **总分类帐**

2015年 月	日	凭证 字	号	摘要	借方金额	贷方金额	借或贷	余额	✓
11	1			期初余额			借	145000	
				略				……	
	5			购买办公用品		78000	借	86290	
				略				……	
	30			略				214658	

图3-3　会计实务中的库存现金总分类账户

（二）账户、账簿与会计科目

账簿中划定特定的空间，规定该空间记录特定会计科目的内容，这一空间即成为该科目的账户，标明此空间内只记录涉及该会计科目的经济业务，从而实现对经济活动详细、分类地记录。

账簿、账户与会计科目三者的关系如同中药店中用来装药的柜子、格子和药名之间的关系。会计科目相当于药名，如药名有白芍、地黄、当归等，会计科目有原材料、库存现金、银行存款等。账簿相当于柜子，如装药的柜子有许多的小格子，账簿有许多账页组成。账户相当于柜子中的小格子，如装药柜子的每个小格子都贴有药名，分别盛装各种中药，账户则按照会计科目设置，以科目为名称用于记录涉及该会计科目的业务内容。

第二节　复式记账方法

记账方法是将企业发生的经济业务记录于相关账户之中的方式。如前例：把李明投入的库存现金、从银行借的款项记录于相关账户中即为“记账”。而采用什么方式、方法记账，是本节要解决的问题。

一、复式记账的含义

复式记账是对企业发生的每项经济业务同时在两个或两个以上相互联系的账户中进行登记记账方式。

复式记账的基本特点是对企业经济业务进行双重记录。

例如，李明向黎明公司投入库存现金60 000元，会计上要在账簿中开设的“库存现金”账户与“实收资本——李明”账户中同时记录。“库存现金”账户记录增加60 000元；同时“实收资本——李明”账户记录增加60 000元。同时反映库存现金资产增加和库存现金资产投入者李明对公司资产的所有权增加，可以反映该交易的全部内容，说明企业经济资源增加量和增加经济资源的所有权归属。再如，黎明公司用27 600元库存现金购入2 000米布料。会计上在“原材料”账户记录增加27 600元的同时在“库存现金”账户记录库存现金减少27 600元。反映在此项交易中，原材料这种经济资源的增加是以库存现金的减少为代价的。所以复式记账可以记录企业经济业务的完整内容。

二、复式记账原理

复式记账的双重记录并不是会计本身的问题，因为会计仅仅是记录企业经济业务的手段，通过记录来再现企业经济业务的原貌，经济业务本身是什么样，会计就要记录成什么样。所以会计应如何对经济业务进行记录，是由被记录的经济业务本身的内容所决定的。探讨复式记账原理，其实是探讨企业经济业务的原貌、结果和其经济意义，而复式记账只是反映和再现企业经济业务本来面貌的客观要求。

企业的经营交易可进一步划分为两类：商品交易和资本（融资）交易。

1.商品交易

商品交易是不同经济资源所有者将各自拥有的不同经济资源互换，交易的结果一般表现为，交易对象的所有权发生转移。而就参与交易的某一方而言，交易是由经济资源的换入和换出两方面构成的，否则不能称其为交易。如，黎明公司以12 800元库存现金购入设备10台，企业以库存现金购买设备这一项交易的实际状况是库存现金减少，设备增加，是以库存现金的换出，得以将设备换入，此项交易引起两方面经济资源价值量的变化。若要记录这一交易的全部内容，会计上就要记录如下：

库存现金减少12 800元；设备增加（10台）12 800元，做成双方面记录，而不能仅记录库存现金减少12 800元，或者只记设备增加10台。

2.资本交易

资本交易是企业的融资行为，吸收投资人的投资或债权人的借款，交易的对象是经济资源的使用权，其所有权并不因交易而发生转移，仍归属于投资人或债权人。资本交易对企业而言，是可使用的经济资源增加，而经济资源并非归属企业，是企业所欠的债务增加或投资人投入企业的资本增加。因而要记录这些经济资源的所有权归谁。

如前例，李明向黎明公司投入库存现金60 000元，企业占有的库存现金增加了，同时李明在企业经济资源的所有权增加了60 000元。会计上要记录这项交易的全部内容，就要同时记录“库存现金”增加60 000元；“实收资本——李明”增加

60 000元，做成双重记录。

3.复式记账原理

复式记账原理是对经济业务进行复式记账道理的解释。

商品交易表现为不同经济形式资源的流入和流出。流出经济资源的目的在于获得流入，流出资源的价值量要记录，流入资源的价值量也要记录，才能反映为流入经济资源而付出的代价，并说明流入的前提和原因，记录交易的完整内容。如用银行存款购入原材料。原材料增加、银行存款减少变化是双重的、等量的。

资本交易表现为经济资源进入企业，企业可运用的经济资源流入，但企业并没有经济资源流出，取得的是经济资源的使用权、支配权，其所有权归属债权人和投资人。对企业而言，是资产和投资人对企业资产的所有权等量增加，故而要记录资产增加价值量的同时，将与资产等量的资产所有权价值量记于投资人的名下，才能反映资本交易的完整内容。如李明投入货币60 000元，企业拥有、控制的经济资源增加60 000元，同时李明对企业经济资源的所有权增加60 000元，表明这60 000元的归属。

所以交易本身对于交易的一方而言导致经济资源的双重变化，要么是经济资源不同实物的此增彼减，要么是经济资源与其所有权的同时增减。会计要如实反映企业经济业务的完整内容、反映经济资源价值量的双重变化即所谓复式记账的原本道理所在。

三、复式记账的意义

企业的经济活动是为一个统一目标——盈利而进行的系统过程，企业所发生的每一项经济业务都不是孤立的、单一的，都是构成经济活动整体的相互联系的不同部分。如前述，企业的经济活动的过程如下：

货币→材料等→产品→货币

这个基本过程是企业以货币购入材料，库存现金减少材料增加；生产领用材料，材料减少产品增加；产品售出，库存现金增加产品减少的循环过程。我们观察这个过程可以看到，这个过程的每一个环节的变化都是一方增加、一方减少。每个要素都是相邻要素的中介，在本环节增加在下环节减少。而且第一个环节两个方面中增加的一方，在下一个环节的两个方面将成为减少的一方，所以在会计上要描述这个过程的每一个环节，就要运用复式记账方法，把每个环节的变化均记录清楚才能为下一个环节的变化提供记录的基础。

如购入材料是库存现金减少材料增加，只有运用复式记账，既记录库存现金的减少，又记录材料的增加，当生产领用材料时，才能记录材料的减少，产品生产成本增加。如果不记录材料的增加，生产领用材料就没有记录的依据，记录会中断，无法提供相关信息。而通过复式记账方法将每项经济业务完整记录进而实现整个生产经营活动的完整记录，最终才得以提供会计信息使用者需要的会计信息。

"货币→材料→产品→货币"在"账户"上的记录过程如图3-4所示。

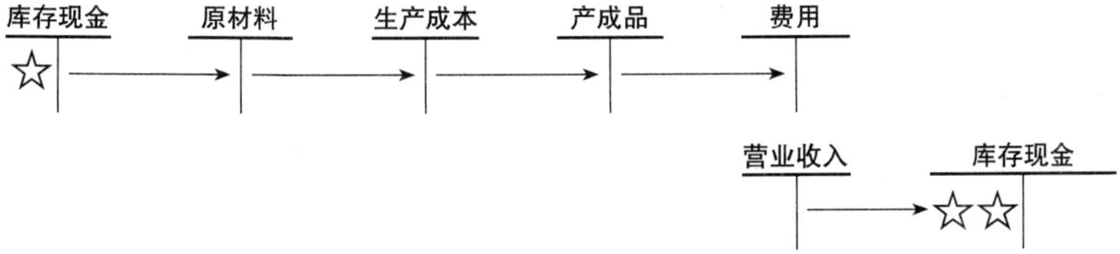

图3-4 "货币→材料→产品→货币"在"账户"上的记录过程

而这种完整的、连续的记录，单式记账方法是无法实现的。所以，复式记账不仅是完整记录每一项经济业务的需要，也是完整记录企业整个生产经营活动过程的客观需要。

第三节 借贷记账法

一、借贷记账法的含义与起源

（一）借贷记账法的含义

借贷记账法是以"借"和"贷"来表明两个记账方位的复式记账方法。

这里的"借"与"贷"仅是表示记账方位的符号，并不包含"借""贷"的字面含义。

（二）借贷记账法的起源

1.借贷记账法的起源

在中世纪的意大利，当时在银行业、商业中记录债权和债务业务，"借"与"贷"表示的是字面含义，也表明实际业务的状况。在佛罗伦萨的银行中设有分录账。分录账采用"垂直型账页"，即把每个账页分为上下两个记账位置。上方为借主（借方）之位，下方为贷主（贷方）之位。账页按人名开户。假设客户甲将库存现金1 000元存入银行，从银行的角度说，便形成了银行的负债，欠客户甲1 000元钱，甲客户成为贷主。按客户甲的人名在账页中开户，记录于甲客户账户的贷主（贷方）位置。当甲客户取走其1 000元库存现金时，注销原记录，记录于甲客户账户借主（借方）位置，甲客户的账结平。假设客户乙从银行借走库存现金600元，从银行的角度说，是形成了银行的债权，客户乙欠银行600元钱，客户乙成为借主。按客户乙的人名在账页中开户，记录于该账户借主（借方）位置。当客户乙归还600元库存现金时，记录于贷主（贷方）位置，客户乙的账结平。

由于银行仅在账面上反映每个客户存款和取款的情况，所以还是单式记录，但是已经定下了借贷记账法的基调，孕育了借贷记账法的雏形。后来，随着银行业务的发展，出现了代客户转账的业务，会计记录从单式转变为复式。客户之间转账，即从某一客户的贷方转入另一客户的借方，或者相反。假设客户甲从客户乙处购入粮食，价款400元，委托银行代为转账。银行的记录为：记入客户甲账户的借方400元，同时，记入客户乙账户的贷方400元。等同于客户甲从银行取走400元，银行记录于客户甲账户的借方，客户甲将400元交予客户乙，客户乙又将这400元存入银行，银行记录于客户乙账户的贷方。

借：客户甲　　400

　贷：客户乙　　400

这便是借贷记账法的雏形。

2.借贷记账法的形成

而后，这种方法推广到库存现金和实物增减变动的记录，推广到对企业经济活动的全面记录，借与贷的字面含义便淡化了，逐渐失去了字面含义而转化为纯粹的记账符号，形成了借贷记账法并沿用至今。

二、借贷记账法的基本特征

（一）记账符号

借贷记账法以“借”“贷”为记账符号，在这里，借和贷已经失去了借、贷的字面含义，仅仅表示对经济活动不同内容进行记录的方位。如前述，经济活动所引起的经济资源的变动仅是增加和减少，所以借贷记账法的两个方位一方记录增加，另一方则记录减少，但是并非增加固定记在借方、减少固定记在贷方。所以，借不意味增加，贷也不意味减少，而要看企业经济业务所涉及的会计要素的性质。

在借贷记账法下，固定将资产、费用要素的增加记入相应账户的借方，减少记入贷方；权益（包括负债）和收入要素的增加记入相应账户的贷方，减少记入借方。

（二）记账规则

借贷记账法的记账规则是：“有借必有贷、借贷必相等”。企业发生的任何一项经济业务在进行会计处理时，都遵循此规则。记入一个或一个以上账户的借方，同时记入一个或一个以上账户的贷方，记入借方的金额合计与记入贷方的金额合计相等。

这一记账规则反映了经济业务所引起的经济资源量的变化的规律。经济资源量的变化规律是“平衡”。如前述，企业的经济业务虽然多种多样，但概括起来为四种情况，即经济资源进入企业；经济资源退出企业；经济资源在企业内部的配置与运用；经济资源增值。

①经济资源进入企业，资产和权益同时增加；

②经济资源退出企业，资产和权益同时减少；

③经济资源在企业内部的配置、消耗则是不同资产等量的此增彼减。

④经济资源增值是资产与费用等此增彼减和资产与收入等量同时增加。

用借贷记账法处理上述四类业务的结果即图3-5所示：

借方	账户名称	贷方
①资产增加		权益增加
②权益减少		资产减少
③资产增加		资产减少
④费用增加		资产减少
资产增加		收入增加

图3-5　借贷记账法的记账规则

借贷记账法这样记录经济业务的结果就都是“有借必有贷、借贷必相等”。

（三）记账结果平衡

1.本期发生额平衡

账户的发生额指一定期间内企业经济业务记入相关账户借方或贷方的合计金额。

平时，对企业每一笔经济业务的记录都遵循“有借必有贷，借贷必相等”的规则，所以将一定期间内全部账户的借方发生额加总合计，必然等于全部账户的贷方发生额的加总合计，其公式为：

全部账户本期借方发生额合计=全部账户本期贷方发生额合计

借此公式可以检验企业平时的账簿记录是否有差错，如有差错，借贷两方的发生额合计会不相等，提示会计人员及时查找出现记账差错的经济业务，从而保证会计信息的正确性。

2.期末余额平衡

借贷记账法的资产类账户的余额均在借方，权益类账户的余额均在贷方，体现“资产=负债+所有者权益”会计等式的要求。所以，全部账户的借方余额与全部账户的贷方余额必然相等。其公式为：

全部账户的借方期末余额合计=全部账户的贷方期末余额合计

如果经过试算不平衡，说明账户的记录肯定有错；如果试算平衡，说明账户的记录基本正确，但不一定完全正确，这是因为有些错误并不影响借贷双方的平衡，如果发生某项经济业务在有关账户中被重记、漏记或记错了账户等错误，并不能通过试算平衡来发现，但试算平衡仍是检查账户记录是否正确的一种有效的方法。试算平衡工作是通过编制试算平衡表来完成的，试算平衡表的编制方法在后面的章节中讲述。

三、借贷记账法的初步应用

在会计实务中，运用借贷记账法的第一步是编制记账凭证，编制记账凭证在教学中被简化为编制会计分录。

（一）会计分录

1.会计分录的含义和功能

会计分录是表明每项经济业务分别账户、账簿与会计科目应记录的账户名称、

方位（借贷方向）及其金额的一种记录。会计分录的基本功能类似于会计实务中记账凭证，指明企业发生的某项经济业务应记账户名称、方向、金额等内容，而且比记账凭证更简化、直观，使人一目了然。所以在会计学的教学中，通常采用会计分录，以直观简要地说明某项经济业务是如何进行会计处理的。

如黎明公司从银行提取库存现金2 000元的事项，编成会计分录如下：

借：库存现金　　2 000

　贷：银行存款　　2 000

如黎明公司购入一批总价为78 000元的材料，以银行存款支付了其中的32 000元，另外46 000元以后支付。编制成会计分录为：

借：原材料　　78 000

　贷：银行存款　　32 000

　　　应付账款　　46 000

通过上述的会计分录，可以直观了解企业从银行提取库存现金和购入原材料的经济业务是如何进行基本会计处理的。

2.会计分录的类别

会计分录分为简单会计分录和复合会计分录。

简单会计分录是指只编入一个账户借方与另一个账户贷方的会计分录，即一借一贷的会计分录。如上面的第一例为简单会计分录。

复合会计分录是指编入一个账户借方与几个账户贷方或一个账户贷方与几个账户借方的会计分录，即一借多贷或多借一贷的会计分录。复合会计分录实际上是由简单分录组成的。如上面的第二例为复合会计分录。该复合会计分录实际是由以下两个简单会计分录组成的：

借：原材料　　32 000

　贷：银行存款　　32 000

借：原材料　　46 000

　贷：应付账款　　46 000

以上这两笔简单会计分录，由于反映的是同一项购入材料的交易，因而可以把它们合并起来编制一个复合会计分录，以简化记账工作。

为了保持账户借贷关系清晰准确，一般不宜编制多借多贷的会计分录。

（二）会计分录的编制——经济业务的会计确认、计量与初步记录

会计系统要记录和描述经济业务，当经济业务交易事项发生时，要确定记什么账户，记录该账户的借方还是贷方，记录的金额是多少，需要对经济业务进行定性和定量两方面分析。

1.确认

当记录企业经济业务的原始凭证提交给会计人员时，会计人员首先对原始凭证记录的经济业务进行分析，确定其能否进入会计系统；其次，分析、认定经济业务

应记入哪些会计要素中的哪些会计科目，如，是资产要素还是权益要素或收入费用要素。如是资产要素，是其中的库存现金科目还是银行存款科目，是原材料科目还是产成品科目等，并确定涉及这些要素中具体会计科目是增加了还是减少了，因为资产类科目的增加记该账户“借方”、减少记“贷方”，而权益类科目则相反。

2.计量

计量确定经济业务应记入的科目增加了多少、减少了多少，便于登记金额。

3.初步记录

初步记录即编制会计分录，指明经济业务应记入的账户名称、登记方向和登记金额。

【例3-1】黎明公司发生一笔采购业务，发票列明购入棉布1 000米，每米13.8元，货款已通过银行转账支票结算。

（1）确认——该项业务是用银行存款购入原材料，涉及资产中的原材料增加和银行存款减少，应记入“原材料”账户的借方、“银行存款”账户的贷方。

（2）计量——1 000×13.8=13 800（元）。

（3）记录——编制会计分录：

借：原材料——棉布　　13 800

　贷：银行存款　　13 800

本章主要概念

账簿、账户、复式记账、借贷记账法、会计分录

思考题

1.如何理解账户、账簿、会计科目三者的关系？

2.如何理解复式记账原理？

3.借贷记账法的借与贷的平衡体现了什么？

4.如何理解会计的确认、计量与初步记录？

第四章 会计前提与会计基础

学习目标

学习会计假设的含义与内容，权责发生制与收付实现制的含义与内容。

第一节 会计前提

一、对会计前提的理解

前提又称为假设。假设是人们在进行某种活动前，对与活动有关联的各种可能的客观情况做出判断或者预期，当你将这种判断作为采取行动的根据时，假设就变成了前提。

如：对行为实施对象的判断——你判断股票市场上的某一只股票的价格会上涨，但事实上存在上涨或者下跌两种可能，而你的判断是上涨。这种判断并非事实，仅是一种假设。当你以这只股票会上涨的假设为前提决定买入这只股票时，看涨的假设成为你购入股票这一行动的前提。

对行为环境的判断——你觉得当天可能会下雨，出门决定带上雨具；考虑路上会堵车，决定提早出门上班。

对自身专业知识与能力的判断——你认为自己的知识、能力已经达到了一定的水平，决定考研、考公务员等。

人们为什么要进行这样的判断或者预期？

人们假设的对象是相对于人们主观意志的客观事物，而客观事物往往呈现出不同的各种状态，可能呈现A状态，也可能呈现B状态、C状态。在不同的时间和空间条件下，呈现的状态是不确定的。所以人们往往需要在不确定性中做出选择，预期事物的发生、发展会是其中的某一状态，然后以此状态为前提，采取相应的行动。

如在夏天，阴天天气可能下雨也可能不下雨。我们如果预期外出的当天会下雨，会带上雨具，否则可能会挨雨淋导致生病。如果预期不会下雨，则不必考虑带雨具给自己添麻烦。这是我们在天气下雨和不下雨两种状态中做的一个选择，作为我们进一步行动的前提。选择不同、预期不同，我们就会采取不同的行动。

二、会计前提的意义

1. 会计前提的含义

会计前提是对会计对象在时间范围和空间范围上的界定。确定了会计对象的时间与空间界限，会计对象会更为明确与清晰。

2. 会计前提确定的意义

作为会计对象的企业经济活动所处的空间和时间环境复杂多变，导致企业的经济活动呈现着多样性、多变性和诸多不确定性。例如，企业在激烈的市场竞争中可能取胜，获得生存和发展，得以长期经营下去；也可能在竞争中失败，难以继续经营而破产或者因某种原因终止经营。再如，企业销售商品，商品还没有交付，购买方已经将货款汇入企业账户，企业是现在作为销售收入入账，还是等到商品交付购买方时再作为销售收入入账？这些情况如果没用先行的限定和处理方式的预设，各个企业自行其是，提供的会计信息会不统一、不一致，就谈不到会计信息的可比性、有用性，会计信息的需求者就难以根据这样的信息做出正确的决策。所以，要从空间和时间两个方面规定必要的前提，并依据这些前提对某些具体情况预设处理的规则与方法，以便会计人员依据这些前提和预设的规则、方法对企业发生的经济活动进行确认和计量，以应对企业经济活动的多样性、多变性和诸多不确定性的状况，保证会计信息的质量。

本章只讲述会计记录与计量基础的几个基本问题，更多相关内容留待中级财务会计课程学习。

三、会计前提的内容

会计前提的内容一般包括会计主体、持续经营、会计分期和货币计量。

1. 会计主体

会计主体是指从事并通过会计记录与计量其经济活动的组织。由于会计记录的对象是企业的经济活动，即企业要从事经济活动，所以企业是会计主体。

会计主体作为会计前提的意义在于设定了会计记录与计量的边界或者说是空间界限。确定会计要记录的经济活动仅限于企业自身发生的各种经济活动，即别的组织、企业发生的经济活动不在本企业会计记录与计量的范围，以便将本企业发生的经济业务与其他企业所发生的经济业务区分开来。企业所有者个人的交易也要与企业的经济活动分开。如，企业老板个人购房，购房款不能作为企业的支出，房屋也不能作为企业的资产入账，即使企业是老板的。会计人员是基于“本企业”这一会计主体的角度或立场，来确认、计量、记录与报告企业经济活动及其结果的。

会计人员仅仅记录经济活动对其自身经济资源和经济利益的影响结果，如，黎明公司接受李明的投资60 000元，是黎明公司可占有、使用的经济资源增加，李明在公司的投资增加，同时李明自己可使用的库存现金减少。黎明公司要记录公司可使用的库存现金增加和李明在本公司的投资增加，而不记录李明手中可使用库存现金的减少。明确了会计记录的空间界限，仅仅记录与描述企业自身发生的交易和事项，才能正确确定交易的最终结果。

另外，会计主体可以是一个单独的企业，也可以是一个企业集团。对于企业集团而言，需要以集团名义提供以反映整个集团财务状况和经营成果的会计信息。而集团所属的子公司各自要进行自身的会计记录与计量，编制自己的会计报表。

2.持续经营

在市场经济条件下，企业的经济活动往往呈现两种状态，即持续经营状态和经营终止状态。

持续经营是指在可以预见的未来，企业的生产经营活动会正常、无期限地延续下去，不会停业和大规模削减业务。但是企业也会因经营不善而破产、倒闭或所有者无意再合作经营而终止。会计则要记录和计量这两种不同状态。

然而对于一个特定的企业而言，持续经营是常态，破产、终止经营是特殊状况，而且后者在什么时候到来人们通常并不能预知。企业的生命是有限的，但人们投资办企业，不会想今天办明天散。投资人和经营者在主观上都是想自己的企业能持续地、良好地经营下去，而且在行动上也是努力地使企业持续经营下去，以便谋得更多的经济利益。所以企业都是以其持续经营为前提，根据较为长远的目标进行购建厂房、购买设备、招聘员工、向银行贷款等活动。所以会计上通常是以企业的常态——持续经营状态为前提对企业的经济活动进行记录的。如，黎明公司8月份支付水电费等的库存现金付出在会计上作为换取8月份销售收入的代价——费用来记录，而公司购入的服装加工设备的库存现金付出则不能作为当月的费用，因为加工设备要在未来企业的持续经营过程中不断发挥作用，为换取更长时间、更多的收入服务，在未来为企业带来经济利益流入。因此设备作为资产记录。如果不以持续经营为前提，资产与费用的区分便没有依据。

持续经营仅是一种会计设定，在现实生活中，很多企业会面临被兼并、破产或“清算”等非持续经营的状况。处于非持续经营现实状态下的企业，不适用在持续经营前提下采用的一系列会计方法，应当采用在非持续经营状态下的特殊会计程序与方法，如破产清算会计方法。

3.会计分期

会计分期是指在进行会计处理时，需要将企业持续经营过程人为划分成长度相等的不同期间（如年、月等），以便按期及时提供会计信息。会计分期是持续经营前提的必然结果。持续经营假设把企业作为长期存在的经济主体，在正常情况下其生产经营过程不会中断或终止。企业所有者、债权人以及企业管理层等信息使用者不可能等到企业真的“终了”时，再了解企业的会计信息。他们需要尽可能“及时”地了解企业的会计信息，以便做出及时的决策。因此，为了及时提供会计信息，会计上需要将企业持续的经营活动人为地划分为一个个等长的时间段落（如1年、半年、1个季度、1个月等），依照人为划分的时间区间来进行会计计量、记录并定期报告会计信息。在多数国家或地区会计实务中，会计期间的划分均以日历年度作为依据。我国采用的是以公历年度即从1月1日至12月31日为会计年度。会计分期假设的确立，导致了“本期”“前期”“后期”等概念的产生，收入和费用的归属要分清本期与非本期。同时导致了跨期事项——即对企业会计信息的影响超过1个会计期间的项目，如受益期间在本期而款项支付在以后会计期间的预提费用等。权责发生制会计原则也是以会计分期假设为直接依据的。由于会计分期假设的确立，为了区分各会计期间的经营责任和经营成果，会计上就可以运用“应计”“递延”“分配”“摊销”等特殊会计程序，处理同时涉及多个会计期间的跨期费用分摊的问题。在资产的确认与计量上，有必要按照其价值转移的时间长短划分为非流动资产和流动资产，进而合理确定其在经营活动中的价值转移方式，合理地确定成本与费用。如固定资产应在其使用寿命的时间范围内确定其在各期的价值才合理，因而采用折旧的方式确定其每一期间的价值转移数量等。

4.货币计量

货币计量是指会计上以货币作为记录与计量经济业务的计量尺度。货币计量同时还要假定货币本身的价值保持稳定；假定经济业务引起的经济资源变化均可用货币计量，不能用货币计量的不能作为会计对象。

货币本身的价值通常以货币的购买力来表现，实际上，货币本身的价值不是固定不变的，会经常发生变动，如通货膨胀导致货币贬值。所以币值不变是假定前提，否则货币将难以作为计量尺度。

另外，经济资源的价值变化有时用货币难以准确计量。如管理者对企业贡献的计量，无形资产价值的确定等。在会计处理时，往往视同其可以用货币计量。会计假设的关系如图4-1所示。

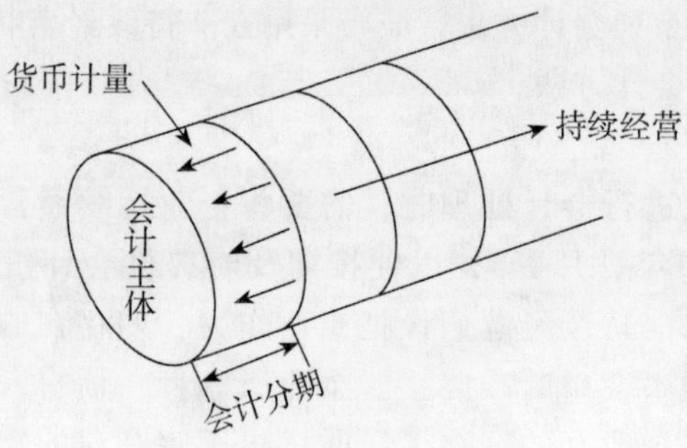

图4-1　会计假设的关系

第二节　会计基础

有了会计分期的前提，会计的收入和费用就要分清楚本期与非本期，每一期间算每一期间的账。于是在会计实务中，需要判断收入与费用的归属期间。例如，商品实体已经转移给购买方，但是货款没有同时收到；有时货款先行收取，但商品实体没有交付给购买方。再如，有时银行贷款已经到位，并投入使用，但利息费用尚未支付。有时是多个会计期间受益的费用在一个会计期间用库存现金支付等。

在上述经济发生时是以实体流动为标准还是以库存现金收付为标准，来归属当期的收入或者费用，要以预先设定的规则为会计处理的基础。

一、权责发生制

权责发生制也称为“应计制”，是以取得收取货款的权利和发生费用支付责任为标准确定收入与费用归属期间的原则。按权责发生制要求，企业在确定收入归属期间时，以企业收取货款的“权利”取得为标志来确认收入，在哪一期间取得收取货款的权利就要将收入归属于哪一期间，而不管货款是否实际收到。同时，应当以企业承担支付费用的“责任”发生的时间来确认费用的归属期间，而不论其款项是否已经支付。

企业收取货款的权利的取得，一般以所售商品的实体或所有权证已转移给购买方为基本条件。企业支付费用的责任的发生，一般以是否获得当期收入而发生为原则。

【例4-1】黎明公司8月27日，向希望中学销售课桌椅460套，单价130元/套，价款59 800元。货已发出，款项尚未收到。

这项经济业务的发生，虽然销货款尚未收到，但商品实体已转移给购买方，企业已经取得了收取货款的权利。根据权责发生制，黎明公司在8月份确认收入，会计分录如下：

借：应收账款——希望中学　　　　59 800

　贷：主营业务收入　　　　59 800

会计分录中的应收账款是企业因销售商品应向购买方收取但尚未收到的货款。

【例4-2】12月1日，黎明公司向宏宇公司租用办公楼一栋，公司开出转账支票，以银行存款预付下年租金25 000元。

此项经济业务发生，虽然费用的款项已付，但这笔费用并非为获得当期收入而发生。依据权责发生制原则，黎明公司在12月份做会计分录如下：

借：长期待摊费用　　25 000
　贷：银行存款　　25 000

分录中的长期待摊费用是企业已经支付但应计入以后会计期间的费用。

二、收付实现制

收付实现制是以库存现金的收入、付出为标准确定收入和费用归属期间的原则。收付实现制与权责发生制正好相反，是以库存现金的实际收付为标准来确认当期收入与费用的。收付实现制也称为“现金收付制”或“现金基础”。

企业按收付实现制计算确定当期损益时，以是否在当期实际收到库存现金为标准来确认收入，而不论取得收入的权利是否在当期形成；以是否在当期付出库存现金为标准来确认费用，而不管是否应当由当期承担费用的责任。

例如，在【例4-1】中，按照收付实现制的要求，是否确认收入要看款项是否收到。因此公司在8月27日销售课桌椅时不能确认收入，只有在收到这笔销货款时才能确认收入，进行会计处理。

在【例4-2】中，根据收付实现制，黎明公司于9月份当期就要确认费用，因为企业已经支付了款项。会计分录为：

借：管理费用　　25 000
　贷：银行存款　　25 000

《企业会计准则》规定，企业在进行收入与费用的确认时，应当以权责发生制为基础。事业单位确认收入和费用以收付实现制为基础。

本章主要概念

会计前提、持续经营、会计分期、货币计量、权责发生制、收付实现制

思考题

1.会计前提有何作用？

2.持续经营与会计分期的联系是什么？

3.如何理解权责发生制？

第五章

会计凭证

学习目标

学习会计信息载体的构成，会计凭证的含义与内容。

第一节 会计信息载体概述

一、会计对象的特点

会计信息载体的内容和形式取决于会计对象的特点和提供会计信息的要求。所以要理解会计信息载体的形式与构成，需要分析会计对象的特点。

首先，为了实现交易的目的，企业在一个会计期间内会发生许许多多的经济业务，如采购材料、支付员工薪酬、将库存现金存入银行、生产领用材料、销售产品等等。会计要记录企业的全部经济活动，就要通过记录构成企业经济活动的这些大量的、分散的具体经济业务来实现。

其次，在企业的经济活动中，不同的经济资源实体发挥着不同的作用，机器设备加工产品、材料构成产品实体、煤电提供动力等。机器磨损了多少、材料耗费了多少，支付了多少工资、动力耗费了多少等，都要分别记录清楚从而提供其增减变动的详细信息。

最后，企业经济活动均围绕一个统一的目标——盈利在进行，如购入材料，消耗材料，生产、销售产品等，最后形成企业一个经营周期的经济活动及其结果。所以会计最终要提供反映一个时期企业经济活动总体状况的信息。

会计信息载体的设置、应用要符合记录、提供上述信息的要求。

二、会计信息载体

人类社会初期发生的原始记录、计量行为的载体是石壁、木片、骨片等。今天会计记录运用的载体是有一定格式的会计凭证、账簿和报表。要把大量的、不同的、分散的经济业务全部记录清楚，并经过加工处理，形成有用的会计信息，进而满足不同会计信息需求者的需要，会计需要设置和运用不同形式的会计信息载体。

在会计实务中一般运用三种不同的会计信息载体：会计凭证、会计账簿和会计报表。三者都用于记录企业发生的经济业务，所记录的内容是同一的，只是呈现方式和详细程度不同。

（一）会计凭证

企业从事生产经营活动，会发生各种各样的经济业务，企业一定期间经济活动都是由大量的日常经济业务构成的。如，企业为生产产品，以库存现金购入原材料，是库存现金减少、原材料增加，赊销产品是销售收入增加，债权增加。这些大量的日常经济业务的发生，会涉及会计要素具体项目的变动。会计对经济活动的记录，就是从会计凭证对这些具体的经济业务和会计要素具体项目价值量变动的记录开始。

会计凭证是记录经济业务内容、明确经济业务责任并据以登记账簿的书面文件。

会计凭证用于记录企业发生的每一项经济业务，即企业每发生一项经济业务都要填制或者取得会计凭证。通过取得或填制会计凭证，把大量的、不同的、分散的经济业务一项一项全部记录清楚，为进一步的分类记录和最终的汇总记录奠定基础。会计凭证包括原始凭证和记账凭证。

（二）会计账簿

会计账簿用于按会计要素的具体项目即会计科目记录企业发生的经济业务。账簿以会计科目为名称，在其中开设账户，按照会计科目分类记录企业经济业务发生所引起的会计要素具体项目的增减变动和结余情况。如材料账户，记录一定时期材料的增加、减少和结存情况。

在企业经济活动中，同一会计要素的不同项目都具有不同的性质和不同的作用，其由于经济业务引起变动的状况需要分别独立地记录、反映。如，资产中还有多少库存现金可供动用、有多少产品没有销售出去，某种材料的库存量还有多少等，都被分别记录于库存现金、产成品和材料账户，企业管理者才能通过这些账户了解、得到上述信息，以便于他们做出正确的决策。所以账簿是更为重要的信息载体，可为企业管理层提供有用的分类信息。

（三）会计报表

会计报表是对企业经济业务的汇总记录，即主要将特定日期或者一定时期内各个账户记录的数据，汇总编入其中，向会计信息的使用者提供他们所需要的总括的、全面的会计信息。如，通过利润表向会计信息的需求者提供企业盈利方面的信息（经营成果），通过资产负债表提供企业资产状况的信息（财务状况）等。会计报表是汇总、集中反映企业财务状况信息、盈利情况信息的载体。通常，会计报表也是向企业外部的会计信息需求者提供信息的方式。通过各类会计报表可以使他们了解一定时期企业的经济活动的状况和结果。

在会计实务中，通常把从会计凭证的获取与填制、会计账簿的登记、有关数据的计算到会计报表编制完成等不同会计信息载体记录和计量企业经济活动的全过程称为会计核算。

第二节 原始凭证

一、原始凭证的填制

（一）原始凭证的功能

1.原始凭证的含义

原始凭证是企业在经济业务发生时填制或者取得的记录经济业务内容、明确经济业务经济责任、证明经济业务确已发生的会计凭证。如购货发货票、原材料入库单、银行存款的存单等等均是原始凭证。

2.原始凭证的功能

（1）记录经济业务内容。会计凭证记录了企业经济业务涉及的对象、时间、参与方等信息，通过原始凭证可了解经济业务的基本内容。

（2）证明经济业务已经发生。企业的各种经济业务是否真的发生了，空口无凭，要通过有关的原始凭证来证明其发生。

（3）明确经济业务的经济责任。企业发生的各种经济业务的经办人、责任人要通过原始凭证来明确，一旦原始凭证所记录的经济业务出现错误或舞弊，便于确定责任人。

（4）提供记账依据。有了原始凭证，会计人员才可据以进行相应的会计处理。

原始凭证首先用来记录所发生的经济业务的内容，证明经济业务已经发生。如采购人员采购钢材一批，必须提交钢材销售商开具的“发货票”，一方面，记录购入钢材的品名、数量、单价、总价；购入的时间；销售商家等信息；另一方面，作为证明采购交易已经发生的凭据和明确采购交易相关责任人的凭据。依据采购发货票，会计人员才能进行相应的会计记录。再如销售发票，是企业在销售商品时，由承办销售业务的人员填制的，记录销售对象、销售商品的品名、单价、总价款等内容的单证。有关人员通过此单证可以了解此项交易的基本情况。增值税专用发票如图5-1所示。

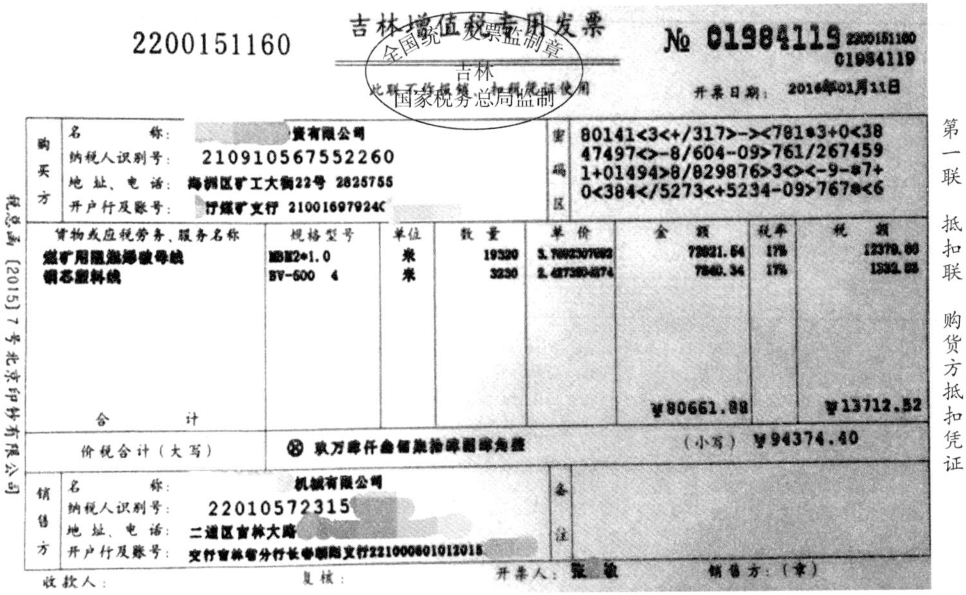
2200151160　吉林增值税专用发票　№ 01984119　2200151160　01984119

此联不作报销、扣税凭证使用

开票日期：2016年01月11日

购买方	名称：[illegible]贸有限公司 纳税人识别号：210910567552260 地址、电话：海洲区矿工大街22号 2825755 开户行及账号：[illegible]行煤矿支行 21001697924C[illegible]			密码区	80141<3<+/317>-><781*3+0<38 47497<>-8/604-09>761/267459 1+01494>8/829876>3<><-9-*7+ 0<384</5273<+5234-09>767*<6		
货物或应税劳务、服务名称	规格型号	单位	数量	单价	金额	税率	税额
煤矿用阻燃橡套电缆	MHZ2*1.0	米	19320	3.7692307692	72821.54	17%	12379.66
铜芯塑料线	BV-500 4	米	3230	2.4273804874	7840.34	17%	1332.86
合计					¥80661.88		¥13712.52
价税合计（大写）	⊗ 玖万肆仟叁佰柒拾肆圆肆角整				（小写）¥94374.40		
销售方	名称：[illegible]机械有限公司 纳税人识别号：22010572315[illegible] 地址、电话：二道区吉林大路[illegible] 开户行及账号：交行吉林省分行长春朝阳支行221000601012015[illegible]			备注			

收款人：　复核：　开票人：张[illegible]　销售方：（章）

税总函[2015]7号北京印钞有限公司

第一联　抵扣联　购货方抵扣凭证

图 5-1　增值税专用发票

（二）原始凭证记录要素

在企业的经营活动中会发生各种各样的经济业务，原始凭证的作用主要是记录和证明企业有关经济业务的内容，所以经济业务不同，原始凭证的内容会不同，但是要记录的基本内容是一致的。这些基本情况就构成了原始凭证的基本要素，是会计核算需要的信息。原始凭证的基本要素包括：

1.原始凭证的名称

原始凭证的名称概括反映所记录的经济业务的性质或类型，如发货票，记录销售交易；收料单，记录验收入库的存货。

2.填制时间

原始凭证填制的时间即经济业务发生的时间。

3.交易组织或承办当事人名称

列明经济业务的经办人、参与人。如购销交易中的购买方、销售方。

4.经济业务的内容

主要列明交易对象或事项处理对象的有关信息。如购入商品的品名、数量、单价、总价等。

（三）原始凭证的类别

原始凭证依据其获取的来源分为外来原始凭证和自制原始凭证。

企业的经济业务，有的是与企业外部的组织发生的，有的是在企业内部完成的。企业与外部的交易和内部发生的各种经济事项构成企业完整的经济活动，所以都要取得或填制原始凭证。

1.外来原始凭证

从企业外部的组织取得的记录交易信息的原始凭证为外来原始凭证。如从供应商家买入生产所需要的原材料，要从供应商处取得发货票，作为原始凭证。空白增值税专用发票及填写完整的增值税专用发票如图5-2和图5-3所示。

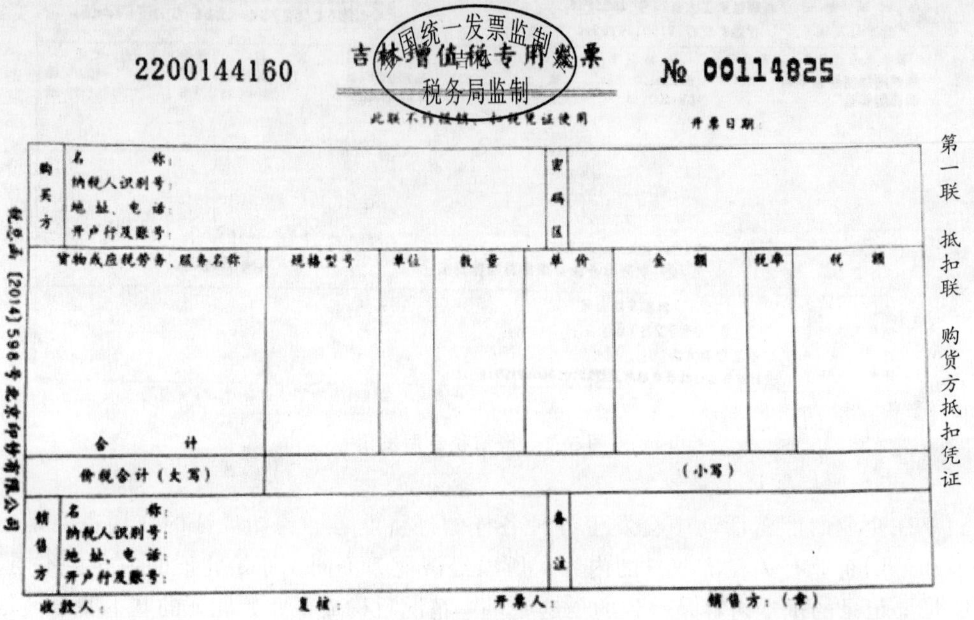

图5-2 空白增值税专用发票

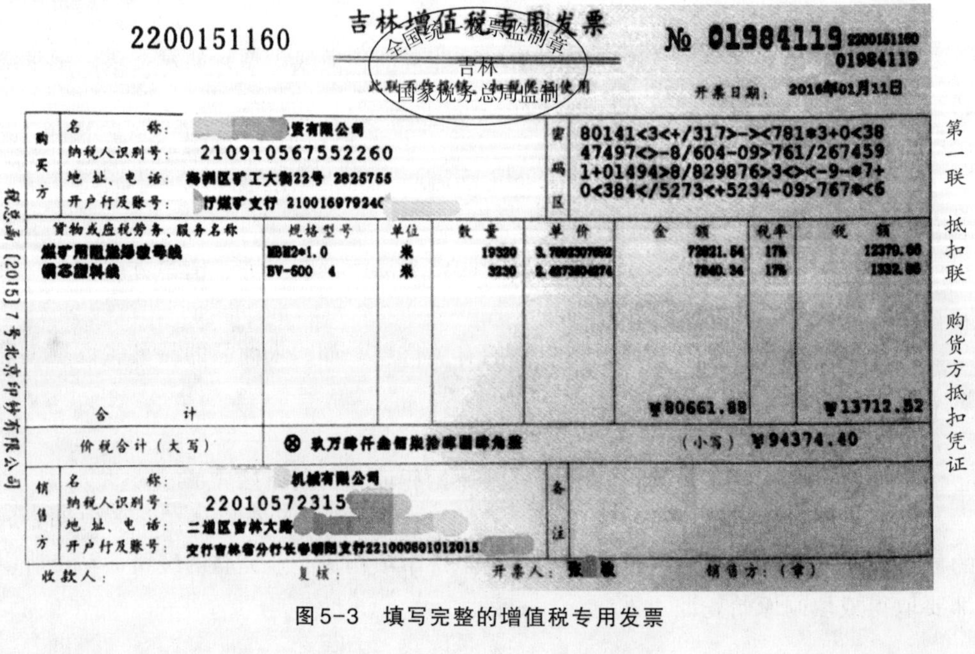

图5-3 填写完整的增值税专用发票

2. 自制原始凭证

由企业内部的有关人员填制的、记录企业内部经济事项的原始凭证为自制凭证。如产品生产领用材料，是企业内部的事项，要填制领料单来记录。原材料减少，生产成本增加，同时相应的资产责任亦随实物的位移而转移，所以要填制凭证记录这种变化和转移。

如企业购进材料验收入库时，由存货保管人员填制的“收料单”，员工出差回来报销时填制的“差旅费报销单”等均属自制凭证。“收料单”“差旅费报销单”的格式见表5-1和表5-2。

表5-1

供货单位________　　　　**收　料　单**　　　　凭证编号________

发票编号　　　　　　　　**年　　月　　日**　　　　收料仓库________

材料类别	材料编号	材料名称及规格	计量单位	数量		金额			
				应收	实收	单价	买价	运杂费	合计
备注：						合　计			

仓库保管员________　　　　收料人________

表5-2　　　　**××公司差旅费报销单**

出差人姓名________职别________级别________事由________

出差起止日期：　　　　共计　　天

起止日期	车船飞机票			未购卧铺补助	出差补助费			住宿费	交通费	其他	合计金额
	种类	起止地点	金额		天数	标准	金额				
自　月　日　时至自　月　日　时											
自　月　日　时至自　月　日　时											
自　月　日　时至自　月　日　时											
自　月　日　时至自　月　日　时											
合计：人民币（大写）											
说　明											

单位公章：　　　　单位负责人：　　　　领款人：　　年　　月　　日报销

（四）原始凭证的取得与填制

（1）外来原始凭证是企业在与其他组织发生交易时从对方处获得的。企业与外部组织发生交易时，交易的承办人员须向对方索取正式的、合法的凭证。

（2）自制的原始凭证主要是根据企业内部有关事项的执行和完成情况由经办人员

直接填制的。如根据实际领用的材料品名和数量填制的领料单，还有的自制凭证是依会计核算的需要，根据有关已有的账簿记录归类、整理、计算编制的，如为分配综合性费用而编制的制造费用分配表、工资费用分配表和产品成本计算单等。制造费用分配表、工资及职工福利分配计算表、产品生产成本计算表见表5-3、表5-4和表5-5。

表5-3 **制造费用分配表**

20×6年　　月

分配对象	定额工时	分配率	金额
浴巾			
毛巾			
合计			

制单：　　会计：　　复核：

表5-4 **工资及职工福利分配计算表**

20×6年　　月

部门＼项目		定额工时（小时）	分配率	工资（元）	职工福利（14%）	合计
生产工人	产品名					
	产品名					
	小计					
车间管理人员						
厂部管理人员						
合计						

制单：　　会计：　　复核：

表5-5 **产品生产成本计算表**

产品名称：　　20×6年　　月　　完工数量：

项　目	直接材料	直接人工	制造费用	合　计
月初在产品				
本月生产费用				
累计生产费用				
月末在产品				
完工生产成本				
单位成本				

制单：　　会计：　　复核：

二、原始凭证的审核

为保证进入企业会计信息系统的信息、数据能够真实、可靠，原始凭证须经过指定的会计人员审核无误之后，才能作为记账的依据。原始凭证的审核主要从以下两个方面进行。

（1）审核原始凭证应具备的基本要素是否填写齐全、正确。

（2）审核原始凭证所反映的经济业务是否符合国家的有关法律和制度，是否符合本企业的计划、预算和合同等。

第三节　记账凭证

一、记账凭证的填制

（一）记账凭证的含义及功能

1.记账凭证的含义

记账凭证是会计人员根据原始凭证或汇总原始凭证填制的、直接作为登记账簿依据的会计凭证。

2.记账凭证的功能

（1）完成经济活动信息向会计信息的转换。原始凭证来自不同渠道，记录不同的经济业务，种类繁多，数量庞大，格式不一，不能直接清楚地表明其应记入账户的名称和方向，直接根据原始凭证记账容易发生错误，所以在记账前，一般要先根据原始凭证编制记账凭证，实现由经济信息向会计信息的转换。

（2）登记账簿的依据。在记账凭证中要根据原始凭证记录载明已经发生经济业务应记入的账户名称、登记的借贷方向以及应记录的金额等，便于会计人员据以登记账簿。

（二）记账凭证的要素

（1）记账凭证名称。如收款凭证、付款凭证或转账凭证。

（2）日期。记账凭证的日期一般为填写日期。

（3）凭证编号。凭证编号一般为凭证的顺序编号，可采用收、付、转账凭证分别编号的方式。如，收款凭证：“银收第X号”“现收第X号”；付款凭证：“银付第X号”“现付第X号”；转账凭证：“转字第X号”。也可采用专用凭证统一编号的方式。

（4）摘要。摘要栏填入原始凭证记录的经济业务内容的简要说明。

（5）会计科目。借贷方科目栏填入记录原始凭证记录的经济业务要运用的会计科目名称，包括一级科目和明细科目。

（6）金额。金额栏填入应记入所列会计科目借方、贷方的金额。

（7）所附原始凭证张数。记账凭证据以登记的原始凭证张数。

（8）制单、审核、出纳、记账、会计主管的签名或盖章，以反映会计凭证传递的程序和相关人员的责任。

（三）记账凭证的种类与填制

1.记账凭证按内容分类

记账凭证按内容不同分为三类：收款凭证、付款凭证和转账凭证。

（1）收款凭证

收款凭证是根据记录涉及库存现金和银行存款收取经济业务的原始凭证填制的一种记账凭证。如企业收到购买方以银行存款支付的货款，会计人员要根据银行转来的进账单编制银行存款收款凭证。

（2）付款凭证

付款凭证是根据记录涉及库存现金和银行存款付出经济业务的原始凭证填制的一种记账凭证。如企业以银行存款向供电部门支付电费，会计人员要根据银行转来的有关凭证编制付款凭证。

收款凭证和付款凭证既是登记库存现金、银行存款日记账和有关总账、明细账的依据，也是企业出纳人员收付款项的依据。

在填制收款凭证时，在“摘要”栏内，应当注明这项经济业务的简要内容。在其左上角“借方科目”右边，填写“库存现金”或“银行存款”科目，在第二栏“贷方总账科目”栏填写与收入库存现金或收入银行存款相对应的会计科目。

付款凭证的填制方法与收款凭证基本相同，在付款凭证左上角填列贷方科目（库存现金或银行存款科目），在第二栏借方科目栏填列与库存现金、银行存款相对应的有关借方科目。例如，以库存现金支付购买办公用品的费用，则应根据有关的原始凭证填列付款凭证，贷方科目填“库存现金”，借方科自填“管理费用——办公费”。

收款凭证见表5-6。

表5-6　收款凭证

年　月　日　　字第　号

借方科目：

摘　要	贷方总账科目	明细科目	√	金　额
合　计				

会计主管：　记账：　出纳：　审核：　制单：

现举例说明收款凭证的填制。2015年6月18日，黎明制衣厂销售服装200件，单件500元/件，取得销货款100 000元，对方以银行存款付款。因此项业务属于收款业务，黎明制衣厂需编制以下银行存款收款凭证，见表5-7。

表5-7 收款凭证

借方科目：银行存款 2015年6月18日 银收字第19号

摘　　要	贷方总账科目	明细科目	√	金　　额
销售服装	主营业务收入	服装		100 000
合　　计				100 000

会计主管： 记账： 出纳： 审核：王洁 制单：张云峰

付款凭证见表5-8。

表5-8 付款凭证

贷方科目： 年　月　日 字第　号

摘　　要	借方总账科目	明细科目	√	金　　额
合　　计				

会计主管： 记账： 出纳： 审核： 制单：

现举例说明付款凭证的填制。2015年6月30日，黎明制衣厂以库存现金购买办公用品300元。因此项业务属于付款业务，黎明制衣厂需编制以下库存现金付款凭证，见表5-9。

表5-9中，“√”为登记账簿的标记，即表示上述记账凭证已经由会计张云峰登记入账。

表5-9　　付款凭证

贷方科目：库存现金　　2015年6月30日　　现付字第55号

摘　要	借方总账科目	明细科目	√	金　额
购买办公用品	管理费用	办公费	√	300
合　计				

会计主管：　记账：张云峰　出纳：　审核：王洁　制单：张云峰

必须注意，涉及库存现金与银行存款之间的相互收付的经济业务，只编制付款凭证，不编制收款凭证（或相反），以免重复记账。例如，从银行提取库存现金，是付出银行存款，收取库存现金，只编制银行存款付款凭证，而不编制库存现金收款凭证。

（3）转账凭证

转账凭证是根据记录不涉及库存现金和银行存款收、付款经济业务的原始凭证或汇总原始凭证编制的一种记账凭证。例如，根据原始凭证“工资及职工福利分配计算表”（见表5-10），可以填制转账凭证。转账凭证的格式见表5-11。

表5-10　　工资及职工福利分配计算表

2015年6月

项目 部门		定额工时（小时）	分配率	工资（元）	职工福利（14%）	合计
生产工人	上衣	2 800	40	112 000	15 680	127 680
	裤子	1 200	40	48 000	6 720	54 720
	小计			160 000	22 400	
车间管理人员				15 600	2 184	17 784
厂部管理人员				46 800	6 552	53 352
合计				222 400	31 136	253 536

制单：张俪　　会计：　　复核：周涛

表 5-11

转账凭证

2015年6月30日　　　　转字第9号

摘　要	总账科目	明细科目	√	借方金额	√	借方金额
分配工资费用	生产成本	上衣		127 680		
	生产成本	裤子		54 720		
	制造费用	工资及福利费		17 784		
	管理费用	工资及福利费		53 352		
	应付职工薪酬	工资及福利费				253 536
合　计				253 536		253 536

会主管：　　记账：　　出纳：　　审核：　　制单：张云峰

为了便于识别上述收款凭证、付款凭证和转账凭证，企业一般采用不同颜色的纸张或不同颜色印刷记账凭证。

对于规模较小的经济组织，为了简化凭证的填制，也可不分设收款凭证、付款凭证和转账凭证，而统一设置一种格式的记账凭证，这种记账凭证通常称为通用记账凭证，其格式见表5-12。

表 5-12

辽财会帐证 44—2 号　　辽宁省财政厅检印 (03)

通用记账凭证

出纳编号______

年　　月　　日

凭证编号______

摘　要	结算方式	票　号	会计科目		借方金额											记帐符号	贷方金额											记帐符号
			总帐科目	明细科目	亿	千	百	十	万	千	百	十	元	角	分		亿	千	百	十	万	千	百	十	元	角	分	
附单据		张	合　计																									

会计主管人员　　记帐　　稽核　　制单　　出纳　　交领款人

各种记账凭证可以作为登记各相关的日记账和明细账的依据，有时也可以直接作为登记总账的依据。在记账凭证较多的情况下，为了简化登记总账的工作，可将一定时期（如每旬）内的记账凭证按会计科目名称予以汇总，编制成汇总记账凭证再据以登记总账。

2. 记账凭证按编制方式分类

记账凭证按编制方式的不同可分为复式记账凭证和单式记账凭证。

（1）复式记账凭证

复式记账凭证就是把一项经济业务所应登记的所有账户都填列在一张凭证上进行记录的记账凭证。如前面介绍的收款凭证、付款凭证、转账凭证和通用记账凭证都是复式记账凭证。复式记账凭证可以把一项经济业务完整地反映在一张凭证上，能清楚反映账户的对应关系，减少凭证数量，但是不便于数据的汇总。

（2）单式记账凭证

单式记账凭证就是把一项经济业务所涉及的每一个会计科目，都分别填制一张记账凭证。在会计实务中，单式凭证通常设借项记账凭证和贷项记账凭证两类。为便于识别，一般将贷项凭证和借项凭证采用不同颜色纸张印制。单式记账凭证把一项经济业务所涉及的会计科目分别填制各自的记账凭证，便于数据的汇总和分工记账，但是不便于通过凭证了解经济业务的全貌。单式记账凭证的格式见表5-13和表5-14。

表5-13

借项记账凭证

年　月　日　　　　　　　　　　记字第　号

摘　要	一级科目	明细科目	账　页	金　额
对应一级科目：	合　计			

会计主管：　　记账：　　复核：　　出纳：　　制单：

表5-14

贷项记账凭证

年　月　日　　　　　　　　　　记字第　号

摘　要	一级科目	明细科目	账　页	金　额
对应一级科目：	合　计			

会计主管：　　记账：　　复核：　　出纳：　　制单：

（四）汇总的记账凭证

在会计实务中，汇总的记账凭证有两种：汇总记账凭证和科目汇总表。

1.汇总记账凭证

汇总记账凭证分为汇总收款凭证、汇总付款凭证和汇总转账凭证三种，各种汇总记账凭证的编制方法如下：

汇总收款凭证，按库存现金或银行存款科目的借方分别设置，根据库存现金或银行存款收款凭证，分别按与其相对应的各贷方科目定期（5天或10天）汇总登记一次，每月编制一张。月终计算出每一个贷方科目的发生额合计数，据以登记总分类账。汇总收款凭证的格式见表5-15。

汇总付款凭证，按库存现金或银行存款科目的贷方分别设置，根据库存现金付或银行存款付款凭证，分别按与其相对应的各借方科目定期（5天或10天）汇总登记一次，每月编制一张。月终计算出每一个借方科目的发生额合计数，据以登记总分类账。汇总付款凭证的格式见表5-16。

表5-15 **汇总收款凭证**

借方科目：库存现金（银行存款） 年 月 汇收第 号

贷方科目	金额				总账页数	
	1—10日 收款凭证 第 号至第 号	11—20日 收款凭证 第 号至第 号	21—31日 收款凭证 第 号至第 号	合计	借方	贷方
合计						

表5-16 **汇总付款凭证**

贷方科目：库存现金（银行存款） 年 月 汇付第 号

借方科目	金额				总账页数	
	1—10日 付款凭证 第 号至第 号	11—20日 付款凭证 第 号至第 号	21—31日 付款凭证 第 号至第 号	合计	借方	贷方
合计						

汇总转账凭证，通常是按每一贷方科目分别设置，根据一定期间内的全部转账凭证，分别按相对应的借方科目定期（5天或10天）汇总登记一次，每月编制一张。月终计算出每一个借方科目的发生额合计数，据以登记总分类账。汇总转账凭证的格式见表5-17。

表5-17 **汇总转账凭证**

贷方科目： 年 月 汇转第 号

借方科目	金额				总账页数	
	1—10日 转账凭证 第 号至第 号	11—20日 转账凭证 第 号至第 号	21—31日 转账凭证 第 号至第 号	合计	借方	贷方
合计						

由于汇总转账凭证上的科目对应关系是一个贷方科目与一个或几个借方科目相

对应，因此，所有转账凭证也只能按一个贷方科目与一个或几个借方科目相对应来填制，而不能填制一个借方科目与几个贷方科目相对应的转账凭证。

2.科目汇总表

科目汇总表是定期将所有会计科目的借、贷方发生额汇总填入的一种表格。科目汇总表按总账科目的借方和贷方发生额定期（10天或1个月）将记账凭证加以汇总编制。对于库存现金和银行存款科目的本期借方和贷方发生额，也可以直接根据现金日记账和银行存款日记账的收入、支出合计数填列，而不再根据其收款凭证和付款凭证汇总填列。科目汇总表，可以每汇总一次编制一张（其格式见表5-18）；也可按旬汇总，每月编制一张（其格式见表5-19）。

表5-18 **科目汇总表（格式一）**

会计科目	总账账页	本期发生额		记账凭证起讫号数
		借　方	贷　方	

表5-19 **科目汇总表（格式二）**

会计科目	账页	1—10日		11—20日		21—31日		本月合计	
		借方	贷方	借方	贷方	借方	贷方	借方	贷方

二、记账凭证的审核

为确保账簿记录的正确性、真实性，根据记账凭证登记账簿前应对记账凭证进行审核。对记账凭证的审核主要是形式上的审核，内容包括：

（1）审核记账凭证是否附有原始凭证，记录的内容是否与所附原始凭证一致、金额是否相等，所附原始凭证的种类是否齐全、张数是否正确。

（2）审核会计分录是否正确。

（3）审核记账凭证其他必须具备的要素是否填写齐全。只有经过审核无误的记账凭证，才能据以登记账簿。

本章主要概念

原始凭证、记账凭证、科目汇总表

思考题

1.会计为什么要利用不同的会计信息载体？

2.原始凭证与记账凭证有何不同？

第六章

会计账簿与账户

学习目标

学习会计账簿的分类和登记，了解账户的分类。

第一节 会计账簿

一、会计账簿的种类

（一）设置账簿的意义

会计账簿是具有一定格式的若干账页所组成用以分类记录经济业务的会计信息载体。

企业发生的经济业务需要按会计科目来分类记录与反映，账簿即是这种分类记录的载体。账簿通过在其中分别按会计科目开设户头来实现对经济业务的分类记录。

（二）账簿的分类

企业的经济业务复杂多样，为适应对其有效描述与记录的需要，账簿亦需要设置多种，形成账簿体系才能满足记录企业经济活动的需要。账簿主要有以下几种分类：

1.按用途或功能分类

账簿按其用途或功能可分为序时账簿、分类账簿和备查账簿三类。

（1）序时账簿

序时账簿亦称日记账，是按照企业经济业务发生时间的先后顺序逐日逐笔登记

的账簿。

序时账簿按照记录内容的不同，一般分为普通日记账和特种日记账两种。

普通日记账，又称分录簿，是序时地登记企业一定期间所发生的全部经济业务的日记账。普通日记账根据每日发生经济业务的原始凭证顺序逐项编制会计分录，作为登记分类账簿的依据。这种账簿在我国会计实务中较少采用。

特种日记账是仅用于序时登记经济业务时涉及的某一特定会计科目的日记账。最典型、最常用的特种日记账是现金日记账和银行存款日记账。在我国的会计实务中，为加强对库存现金和银行存款等货币资产的监督和管理，要求会计主体必须专门设置现金日记账和银行存款日记账序时登记库存现金和银行存款的收付款业务。现金日记账和银行存款日记账式样参见表6-1和表6-2。

表6-1 **现金日记账**

年		凭证		摘要	收入	付出	结存
月	日	类别	号数				

表6-2 **银行存款日记账**

年		凭证		摘要	收入	付出	结存
月	日	类别	号数				

（2）分类账簿

分类账簿是按照在其中开设户头的会计科目层级不同分设的账簿，分为总分类账簿和明细分类账簿两种。分类账簿是企业要设置的基本账簿，可以按会计科目分类反映经济业务的相关信息。

总分类账簿，简称总账，是按一级会计科目在其中开设户头的账簿。一般情况下，总账将企业所有的一级科目在其中预留一定的账页空间，设立户头，用以登记一个会计主体在一定期间发生的全部经济业务，并只采用货币单位作为计量尺度，因而只提供每个一级会计科目总括的货币量信息、数据。总分类账的格式见表6-3。

表6-3 **总分类账**

账户名称：

年		凭证号数	摘　要	借方	贷方	借或贷	余额
月	日						

明细分类账簿，简称明细账，是按明细会计科目在其中开设户头的账簿。一般按一个一级会计科目设置一本账簿，按该一级科目所属的明细会计科目在其中预留空间，设立户头，用以登记涉及某一一级会计科目所属各明细科目的全部经济业务。如黎明公司要以“原材料”这一一级科目设置明细分类账簿，在其中以“棉布”“麻布”等明细科目开设户头，在其中记录各明细科目内容。

（3）备查账簿

备查账簿又称为辅助账簿，是对序时账簿和分类账簿中不能登记或登记不全的经济业务进行补充登记的账簿。如以经营租赁方式租入固定资产的登记簿、受托加工材料的登记簿等。由于这些资产不属于企业所有，不能作为企业的资产计入其基本账簿体系，但是又需要了解与掌握其增减变动信息，保证其安全、完整，所以会计上用备查账簿记录。再如应收票据备查登记簿，用于登记每张应收票据的详细信息，作为应收票据账户记录的补充。应收票据备查登记簿的格式见表6-4。

表6-4 **应收票据备查登记簿**

种类	号数	出票日期	出票人	票面金额	到期日	利率	付款人	承兑人	背书人	贴现			收回		注销	备注
										日期	贴现率	贴现额	日期	金额		

2.按外表形式分类

账簿按外表形式，可分为订本账簿、活页账簿和卡片账三种。

（1）订本账簿

订本账簿是在启用之前就已按照编号顺序将账页装订成册的账簿。订本账簿一般适用于如总分类账、现金日记账和银行存款日记账等重要项目的账户。这种账簿可防止账页散失和被抽换，因此比较安全和便于管理。但是订本账簿不便于分工记账，而且要为每一账户预留账页，留多了会造成浪费，留少了又会影响其连续登记。

（2）活页账簿

活页账簿是将账簿的账页存放于活页夹中，平时分页登记，在会计期末再按顺序编号装订成册的账簿。活页账一般适用于各种明细账户。这种账簿便于分工记账，且不用为每一账户预留账页，不会造成浪费。但是活页容易散失和被抽换，因此不安全、不便于管理。

（3）卡片账簿

卡片账簿是由硬纸卡片形式的账页组成的、存放于卡片箱中的账簿。这种账簿适用于单位价值较高、使用时间较长的实物资产的记录。如在会计实务中，固定资产一般要按单项（一台设备、一幢建筑物）设置卡片，记录该项固定资产的各种信息。卡片账簿的长处与不足与活页账簿基本相同。固定资产卡片账的格式见表6-5。

表6-5　　　　**固定资产卡片账**

使用部门：　　　　　　单位编号：　　　　　　设备编号：

设备名称		单　价		分类编码	
型　号		购置日期		现　状	
规　格		出厂日期		使用方式	
国　别		出场号		经费来源	
供货单位				使用人	
生产厂家				管理人员	
备注					

3.按账页的格式分类

账簿按其账页的格式不同，可分为三栏式账簿和多栏式账簿两种。

（1）三栏式账簿

三栏式账簿是由设置借、贷、余三个栏目为基本格式的账页组成的账簿。企业的账簿大多采用三栏式，可以清晰提供特定会计科目的增加、减少和余额信息。如在总分类账簿中的材料总账，借方栏记录其增加额、贷方栏记录其减少额，余额栏记录余额，查阅与获取数据信息比较方便。

（2）多栏式账簿

多栏式账簿是由按照有关明细科目或明细项目分别设置若干专栏的账页组成的账簿。多栏式账簿一般适用于明细账项目较多的账户，如“管理费用”“销售费用”“财务费用”明细账簿等。

4.按采用的计量标准分类

按采用的计量标准不同分类，可分为数量金额式和金额式两种。

（1）数量金额式账簿

数量金额式账簿是在借、贷、余三栏内，再分别设置数量、单价、金额三小栏的账页组成的三栏式账簿。数量金额式账簿一般适用于既要提供货币量数据，又要提供实物量数据的账户，如材料明细账、产成品明细账等。

（2）金额式账簿

金额式账簿指只采用货币单位作为计量尺度进行记录登记的账簿。

二、会计账簿的登记

（一）会计账簿的要素

1.封面

会计账簿的封面主要标明账簿的名称。

2.扉页

会计账簿的扉页记录账簿启用日期和截止日期、页数、册次、账户目录、主管人员签章等内容。

3.账页

账页是账簿的主要构成内容，账页的一般格式、内容包括：

（1）账户名称（一级、二级明细科目）；

（2）日期栏；

（3）凭证种类和号数栏；

（4）摘要栏；

（5）金额栏；

（6）总页次和分户页次。

（二）账簿的启用规则

账簿的启用和交接：为确保账簿记录的合法性与安全性，明确有关人员的责任和便于日后查考，启用新的会计账簿时，要填写账簿扉页上的“启用表”，注明启用日期、账簿起止页数（活页账簿可于装订时填写起止页数）、记账人员和会计机构负责人、会计主管人员姓名，并加盖名章和单位公章。当更换记账人员时，也要在“启用表”上注明交接日期、接办人员和监交人员姓名，并由交接双方签名或盖章。

（三）账簿的登记

1.账簿登记的一般规则

（1）账簿的登记依据：会计人员要根据审核无误的会计凭证逐行登记账簿。

（2）为确保账簿记录清晰整洁，便于长期保管，登记账簿时，除制度规定允许用红色墨水外（如改错、冲账等），须用蓝黑墨水或碳素墨水书写，不能用圆珠笔

（银行的复写账簿除外）或铅笔书写。

（3）登记账簿时，应当将会计凭证日期、编号、摘要、金额和其他有关资料逐项登记入账。登记完毕，记账人员应在记账凭证上签名或盖章，并注明已经登账的符号。

（4）各种账簿要按页次顺序连续登记，不能跳行、隔页。如发生跳行、隔页，应在空行、空页处用红线对角注销，注明“此行空白”或“此页空白”字样，并由记账人员签章。

（5）当账页记到最后一行时，应办理“转页”手续。具体做法是：首先，在账页最后一行，加计本页发生额累计数，结出余额，并在摘要栏内注明“过次页”字样；然后，将本页合计数及余额写在下一页第一行有关栏内，并在摘要栏内注明“承前页”字样。

（6）账簿记录发生错误，不能涂改、挖补、刮擦或用药水消除字迹，不可重新抄写，须按照会计规则规定的方法进行更正。为了留有改错的空间，账簿中书写的文字和数字应紧靠行格的底线书写，一般约占全格的1/2或2/3，不能将全格占满。

2.序时账簿的登记

由于普通日记账在我国较少采用，所以下面主要讲述特种日记账中现金日记账和银行存款日记账的登记方法。

（1）现金日记账、银行存款日记账的账页格式

现金日记账和银行存款日记账均采用订本式账簿，其账页格式一般采用收入、付出和结存三栏式。现金日记账、银行存款日记账的格式和内容分别见表6-6和表6-7。

表6-6　**现金日记账**

年		凭证		摘要	收入	付出	结存
月	日	类别	号数				
7	1			期初余额			3 000
7	1	现付	26	购买办公用品		500	2 500
7	1	现收	34	零星销售	950		3 450

表6-7 银行存款日记账

年		凭证		摘要	收入	付出	结存
月	日	类别	号数				
7	1			期初余额			350 000
7	1	银付	23	购买材料		100 000	250 000
7	1	银收	45	销售商品	350 000		600 000
7	1	银付	24	支付厂房租金		50 000	550 000

（2）登记依据

企业出纳人员根据收款凭证、付款凭证登记现金日记账、银行存款日记账。

（3）登记方法（以现金日记账为例）

日期栏：依据记账凭证的填制日期填写；

摘要栏：依据记账凭证和原始凭证记录的经济业务内容简要填写；

凭证号数栏：依据记账凭证的种类和编号填写；

收入栏、付出栏：依据记账凭证中记录的库存现金收付金额填写；

结存栏：根据上一笔库存现金收付记录后的结存额加或减本笔库存现金收付金额填写。

每日终了，应结出本日余额，并与库存现金实有额核对相符，做到“日清日结”。

3.分类账簿的登记

（1）总分类账簿的格式

总分类账簿一般采用借方、贷方和余额三栏式，其格式有两种：一种是不设对方科目的三栏式（见表6-8）；另一种是设有对方科目的三栏式（见表6-9）。

表6-8 总分类账（不设对方科目的三栏式）

年		凭证号数	摘 要	借方	贷方	借或贷	余 额
月	日						
7	1	银付23	期初余额			借	10 000
7	5	转8	购买原材料	100 000		借	110 000
7	29		生产领用		90 000	借	20 000
7	31		合计	100 000	90 000	借	20 000

表6-9 总分类账（设有对方科目的三栏式）

账户名称：原材料

年		凭证号数	摘要	借方		贷方		借或贷	余额
月	日			金额	对方科目	金额	对方科目		
7	1	银付23	期初余额					借	10 000
7	5	转8	购买原材料	100 000	银行存款			借	110 000
7	29		生产领用			90 000	生产成本	借	20 000
7	31		合计	100 000		90 000		借	20 000

（2）登记方法

总分类账一般依据记账凭证登记。对于经济业务量较多的企业，为了减少登记总账的工作量，也可以将一定期间的记账凭证汇总编制的科目汇总表或汇总记账凭证，依据这些汇总的记账凭证登记总账。

4.明细分类账簿的登记

明细分类账应根据各种凭证登记，记录完成后要与总分类账进行核对。

（1）明细分类账簿的账页格式

明细分类账簿的格式一般有三栏式、数量金额式和多栏式三种，以适应记录不同内容的需要。

三栏式的明细分类账只记金额不记数量。应付账款明细分类账是三栏式明细分类账，其格式见表6-10。

表6-10 应付账款明细分类账

供应单位：

年		凭证号数	摘 要	借方	贷方	借或贷	余 额
月	日						

数量金额式明细分类账账簿的账页在原三栏的每一栏次中还要分设“数量”“单价”“金额”三个小的栏次。这种账页适于记录既要求提供金额数据，又提供实物量数据的各种实物资产账户 。原材料明细分类账是数量金额式明细分类账，见表6-11。

表6-11 **原材料明细分类账**

材料名称：

年 月 日	凭证 号数	摘 要	收 入			发 出			结 存		
			数量	单价	金额	数量	单价	金额	数量	单价	金额

多栏式明细分类账是根据会计科目内容的特点和经营管理的需要，在一张账页内记录某一科目所属的各明细项目内容，只记金额，不记数量。生产成本明细分类账是多栏式明细分类账，其格式见表6-12。

表6-12 **生产成本明细分类账**

年		凭证 号数	摘 要	借方（成本项目）					借方 累计
月	日			材料	生产工人 工资	福利费	制造 费用	合计	

（2）登记依据

明细账簿根据原始凭证、汇总原始凭证或记账凭证登记。

（3）登记方法

明细账簿一般是根据上述凭证逐笔登记的，并及时结算出余额，也可以根据上述凭证逐日或定期汇总登记。

第二节 账户

一、账户的作用及提供的基本信息

1.账户的作用

账户的作用主要是系统记录和提供会计信息。

如第一章所述，在企业的生产经营过程中，不同的经济资源按照自己的方式在为经营目标的实现运动着。机器设备发挥着劳动手段的作用；原材料经过加工构成产品实体；工人运用劳动技能，借助机器设备对原材料进行加工、制成产品；管理者指挥、协调生产经营活动的运行。所以会计记录的对象是一个系统过程。会计要把企业生产经营活动的系统过程加以再现、记录，自身也必须是一个系统。会计的系统性体现于其按照会计科目设置完整的账户体系。虽然会计不能像照相机一样如实再现被拍摄的场景，但是亦要反映、再现企业经济活动的过程和全貌。如，产品生产耗用的原材料有多个品种，每个品种的价格不同，在产品生产中消耗的数量也不同，如果不分别记录和反映，就难以反映其量的变化情况，进而提供有用的信息。所以在会计的总系统中要为其建立一个子系统来记录，如要设总的材料账户，反映材料总的增减变化，还要按材料的不同品种分别设明细账户反映每一种材料的增减变化，便于为每种材料的使用和管理提供详细信息。会计的系统性就是由账户系统体现的。

2.账户提供的基本信息

账户的基本作用是提供详细会计要素具体项目的数据信息。账户提供的信息数据主要为某一会计科目的期初余额、本期增加额、本期减少额和期末余额四项。

本期增加额是指一定时期（如月份、季度或年度）内账户所登记的增加金额合计数，也叫本期增加发生额；本期减少额是指一定时期内账户所登记的减少金额合计数，也叫本期减少发生额；期初余额加本期增加发生额与本期减少发生额相抵后的差额，即为本期的期末余额，也就是在一定时期的期末结出的账户余额。当本期期末余额转入下期时，就成为下期的期初余额。上述四项的关系可用等式表示如下：

期初余额+本期增加发生额-本期减少发生额=期末余额

二、账户分类

（一）账户按记录的内容分类

账户是依照会计科目开设的，会计科目的分类即账户的基本分类。所以按照账户记录内容的不同可分为五类，即资产类、所有者权益类、负债类、收入类和费用类。这种分类表明不同账户各自记录的内容，当经济业务发生时，根据经济业务的内容判断应记录于哪些账户。但是仅仅明确账户可记录的内容，还不能说明账户是如何记录这些内容的，要明确账户是如何记录经济业务的，需了解账户的不同结构。账户按记录内容的分类结果见第二章的会计科目表。

（二）账户按用途和结构分类

由于账户结构和用途特征，因而可以其结构和用途为标志对账户进行分类。

1.账户的用途与结构

账户的用途是指账户可提供的满足会计信息使用者需要的信息、数据。如库存现金账户用于记录库存现金的增减变动，累计折旧账户用于记录固定资产转移价值。

账户的结构是指就一个特定账户而言，即该账户的借方记录什么、贷方记录什么，余额提供什么信息。如第三章所述，借贷记账法的账页基本格式是两个方位，一个为“借方”，另一个为“贷方”，一般而言一个方位记录增加、一个方位记录减少，账页的借方和贷方是记录内容相对的记账方位，而不是固定借方记录增加、贷方记录减少，或者相反。而哪个方位记录增加、哪个方位记录减少是由在账簿中的特定账户性质决定的。即如果一个账户的借方记录增加，其贷方便记录减少；一个账户的贷方记录增加，其借方便记录减少。如库存现金账户的结构就是借方记录库存现金的增加，贷方则记录库存现金的减少；银行借款账户的贷方记录增加则借方记录减少。

2.账户的基本结构

就借贷记账法下的账户结构而言，全部账户可分为两大类，即资产（费用）类账户和权益（收入）类账户。资产和费用类账户固定在借方记录增加、贷方记录减少；而权益类和收入类账户固定在贷方记录增加，借方记录减少。

3.账户按用途、结构的具体分类

具体分类说明各个账户如何具体记录各自对象。

（1）盘存账户

盘存账户是用于记录可通过盘点确定其实际结存数量的各类资产的账户。盘存账户借方记录资产的增加，贷方记录减少，余额表示期末该项资产的期末结存额。这些资产可以通过实物盘点确定其实有数量和实有金额，继而可与其账户记录的数量金额进行核对，确认“账实”是否相符。如“库存现金”“原材料”“库存商品”等账户。

（2）权益账户

权益账户是用于记录企业所有者在企业权益增减变动的账户。其贷方记录所有者权益的增加，借方记录所有者权益的减少，余额表示期末所有者权益的金额。如“实收资本”“资本公积”“利润分配”等账户。

（3）结算账户

结算账户是用于记录企业与其他经济组织因经济往来而发生的债权、债务的账户，分为债权结算账户和债务结算账户。

债权是企业的资产，债权结算账户的借方登记债权的增加，贷方登记其减少，余额在借方，表明期末尚未收回的债权。如“应收账款”“预付账款”等账户。

债务是企业的负债，债务结算账户的贷方登记债务的增加，借方登记债务的减少，余额在贷方，表示期末尚未偿还的债务。如“应付账款”“预收账款”等账户。

（4）跨期摊配账户

跨期摊配账户是用于记录由多个会计期间共同负担费用的账户。由多个会计期间负担的费用的支付期间与负担期间（受益期）不一致，支付在先负担在后的设置“长期待摊费用”账户记录，属于资产类；负担在先支付在后的设置“应付利息”账户记录，属于负债类。

长期待摊费用账户的借方登记先行用库存现金支付的费用，贷方登记该项费用到负担期当期应负担的费用。

应付利息账户的贷方登记先行负担的借款利息费用，该费用在以后期间以库存现金实际支付时记入借方。

（5）成本计算账户

成本计算账户是用于记录购买或生产某种商品或产品而发生的相关费用或生产费用的账户。账户的借方记录发生的各项购买、生产费用，贷方记录完成购买或生产过程、其实体已转入保管场所的商品或产品应承担的成本费用，余额反映尚未完成购买过程或加工过程的商品、产品。这类账户有“材料采购”“在途物资”“生产成本”“制造费用”等账户。

（6）对比账户

对比账户是对某一特定会计科目在两个不同方位分别按两种不同价格进行记录的账户。账户的借方用一种价格记录，贷方用另外一种价格记录，可以提供同一对象的不同计价结果，便于对比。这类账户有“材料采购”“本年利润”等账户。

（7）调整账户

调整账户是一种服务于被调整账户（主要账户）的辅助性账户。有的会计科目需要在会计上同时提供两种相关的不同价值信息，这些不同的价值信息在一个账户中难以记录与提供，需要同时设置一个辅助性账户，两个账户配合提供。如，固定资产，会计上既要提供其原始价值信息，也要提供其净值信息，所以设置“累计折旧”账户作为“固定资产”账户的调整账户。固定资产账户记录固定资产原始价值的增加变动，提供固定资产原值信息。固定资产因磨损减少的价值，用累计折旧账户记录，两个账户期末余额相抵就得到了固定资产净值的价值信息。

调整账户的余额可能与被调整账户余额在同一方向，也可能在相反方向。余额与被调整账户余额方向相同，是附加调整账户；余额与被调整账户余额方向相反，是抵减调整账户。

被调整账户调整后的余额可通过以下公式计算：

附加调整：

被调整账户调整后余额=被调整账户余额+调整账户余额

抵减调整：

被调整账户调整后余额=被调整账户余额-调整账户余额

调整账户有“累计折旧”“坏账准备”“材料成本差异”“存货跌价准备”等账户。

（8）收入归集账户

收入归集账户用于记录企业一定期间获取的经营和非经营收入的账户。账户的贷方记录收入的取得，归集当期获得的全部收入，期末当期全部收入转入“本年利润”账户贷方时记入借方。此类账户期末无余额。收入归集账户有“主营业务收入”“营业外收入”“投资收益”账户等。

（9）费用归集账户

费用归集账户用于记录企业一定期间发生的经营费用和非经营损失的账户。账户的借方记录费用、损失的发生，归集当期获得的全部费用、损失。当期全部费用转入“本年利润”账户借方时记入贷方。此类账户期末无余额。费用归集账户有“主营业务成本”“营业外支出”“管理费用”账户等。

三、明细分类账户与总分类账户的平行登记

账户按会计科目的级次设置，按总分类科目开设的账户为总分类账户，按总分类科目下设的二级及二级以下级次会计科目设置的账户为明细分类账户。明细账提供更为详细的会计信息。所以有多少会计科目即有多少账户，账户的层级也与会计科目的层级相同。

按同一科目开设的总分类账户与其所属明细分类账户，登记经济业务的基本内容相同，登记的依据相同，只是提供的核算资料详简程度不同。因此，要依据平行登记的原则记录，以便能相互核对，及时发现账户记录差错，保证会计信息的正确性。平行登记对每一笔经济业务的基本内容，既要记入有关的明细分类账户，同时也要记入该明细账所归属的总分类账户。当然，在一般情况下某一会计科目明细账根据记账凭证登记，而同一会计科目的总账则根据一定期间汇总的记账凭证登记。

（一）平行登记的要点

明细分类账与总分类账平行登记的要点如下：

对每一笔经济业务的基本内容而言：

1.登记的内容相同，既要记入有关的明细分类账户，又要记入其所归属总分类账户；

2.登记的方向一致，即明细分类账户登记在借方，总分类账户也要登记在借方；明细分类账户登记在贷方，总分类账户也要登记在贷方；

3.登记的金额相等，记入总分类账户的金额，必须与记入明细分类账户的金额相等，即一定时期总分类账户记录的金额与其所属明细分类账户的金额之和相等。

（二）平行登记的方法

现举例说明总分类账户和明细分类账户平行登记的方法。有关资料如下：

1.黎明公司2015年6月1日，“原材料”账户期初余额表和“应付账款”账户期初余额见表6-13和表6-14。

表6-13 "原材料"账户期初余额表

品名	数量(米)	单价(元/米)	金额（元）
棉布	1 000	7	7 000
麻布	800	8.5	6 800
总计	—	—	13 800

表6-14 "应付账款"账户期初余额表

供应商名称	金额（元）
宏宇公司	12 000
光明公司	8 000
总计	20 000

2.黎明公司2015年6月份发生下列相关交易：

①6月6日，购入棉布8 000米，每米7.20元，总计57 600元；购入麻布600米，每米8.5元，计5 100元，货款通过银行转账支票支付。

②6月16日，以银行存款偿还所欠宏宇公司货款12 000元，光明公司货款8 000元。

③6月20日，生产领用棉布2 000米，存货领用采用先进先出法，领用棉布的成本为14 200元（7 000+7 200）。

上述业务在相关明细分类账户和总分类账户平行登记如下：

第一，编制会计分录：

业务①的会计分录如下：

借：原材料——棉布　　57 600
　　　　　——麻布　　5 100
　贷：银行存款　　62 700

业务②的会计分录如下：

借：应付账款——宏宇公司　　12 000
　　　　　　——光明公司　　8 000
　贷：银行存款　　20 000

业务③的会计分录如下：

借：生产成本　　14 200
　贷：原材料——棉布　　14 200

3.结出"原材料"和"应付账款"总分类账户及其所属明细分类账户的本期发生额和期末余额。按上列方法进行平行登记，其结果见表6-15、表6-16、表6-17、表6-18、表6-19和表6-20。

表6-15　　总分类账户

账户名称：原材料

2015年6月	凭证号数	摘要	借方	贷方	借贷	余额
1日	—	期初余额	—	—	借	13 800
6日	①	外购材料	62 700	—	借	76 500
20日	③	生产领用		14 200	借	62 300
30日		本期发生额及余额	62 700	14 200	借	62 300

原材料明细分类账的平行登记如下：

表6-16　　原材料明细分类账户

账户名称：棉布　　计量单位：米

2015年6月	凭证号数	摘要	收入			发出			结存		
			数量	单价	金额	数量	单价	金额	数量	单价	金额
1日		期初余额							1 000	7.00	7 000
6日	①	外购材料	8 000	7.20	57 600				9 000	7.18	64 600
20日	③	生产领用				2 000	7.10	14 200	7 000	7.20	50 400
30日		本期发生额及余额	8 000	7.20	57 600	2 000	7.10	14 200	7 000	7.20	50 400

表6-17　　原材料明细分类账户

账户名称：麻布　　计量单位：米

2015年6月	凭证号数	摘 要	收入			发出			结存		
			数量	单价	金额	数量	单价	金额	数量	单价	金额
1日		期初余额							800	8.5	6 800
6日	①	外购材料	600	8.5	5 100				1 400	8.5	11 900
30日		本期发生额及余额	600	8.5	5 100				1 400	8.5	11 900

应付账款业务的总分类与明细分类账平行登记如下：

表6-18　　总分类账户

账户名称：应付账款

2015年6月	凭证号数	摘 要	借方	贷方	借贷	余额
1日		期初余额			贷	20 000
16日	②	归还货款	20 000		平	0
30日		本期发生额及余额	20 000		平	0

表6-19　　应付账款明细分类账户

账户名称：宏宇公司

2015年 6月	凭证号数	摘要	借方	贷方	借或贷	余额
1日		期初余额			贷	12 000
16日	②	归还货款	12 000		平	0
30日		本期发生额及余额	12 000		平	0

表6-20　　应付账款明细分类账户

账户名称：光明公司

2015年 6月	凭证号数	摘要	借方	贷方	借或贷	余额
1日		期初余额			贷	8 000
16日	②	归还货款	8 000		平	0
30日		本期发生额及余额	8 000		平	0

四、总分类账户与其所属明细分类账户的核对

在登记有关明细分类账户及其所归属总分类账户之后，为了检查账户记录是否正确，要根据前述总分类账户与所属明细分类账户之间的数量相等关系，编制“明细分类账户本期发生额及余额表”。

明细分类账户本期发生额及余额表是根据明细分类账户来编制的。共有两种：一种既有实物数量计量，也有货币量，适用于核对存货和其他实物类总账账户及其明细分类账户，其格式较为复杂；另一种明细分类账户本期发生额及余额表只有货币计量，适用于核对应收、应付款项类总账账户及其明细分类账户，其格式比较简单。现以上面列举的“原材料”明细分类账户和“应付账款”明细分类账户的资料为例，说明“原材料”明细分类账户本期发生额及余额表以及“应付账款”明细分类账户本期发生额及余额表的格式及编制方法。

原材料明细分类账户本期发生额及余额表（格式见表6-21）的编制方法：编表时，首先在明细分类账户栏内填写各明细分类账户的名称，然后根据各个明细分类账户的期初余额、本期收入及发出的发生额、期末余额，分别填入表中的相关栏内，既填数量又填金额，最后计算出各金额栏的合计数，填入金额栏。数量栏的数额因为计量单位不同，不计算合计数。

应付账款明细分类账户本期发生额及余额表（格式见表6-22）的编制方法：编表时，首先在明细分类账户栏内填列各明细分类账户的名称，如本例中的宏宇公司和光明公司，然后将各明细分类账户的期初余额，本期借、贷方发生额，期末余额分别填入表中的相关栏内，并计算出期初余额、本期借方发生额、本期贷方发生额、期末余额各自的合计数。

表6-21　原材料明细分类账户本期发生额及余额表

2015年6月

明细分类账户	计量单位（米）	单价（元）	期初余额		本期发生额				期末余额	
					收入		发出			
			数量	金额	数量	金额	数量	金额	数量	金额
棉布	米	7.20	1 000	7 000	8 000	57 600	2 000	14 200	7 000	50 400
麻布	米	8.5	800	6 800	600	5 100	—	—	1 400	11 900
合计	—	—	—	13 800	—	62 700	—	14 200	—	62 300

表6-22　应付账款明细分类账户本期发生额及余额表

2015年6月

明细分类账户	期初余额		本期发生额		期末余额	
	借方	贷方	借方	贷方	借方	贷方
宏宇公司		12 000	12 000			0
光明公司		8 000	8 000			0
合计		20 000	20 000			0

明细分类账户本期发生额及余额表要与总分类账户本期发生额合计及期末余额表（见表6-23和表6-24）的金额相核对，以便及时发现差错，予以改正。例如原材料明细分类账户本期发生额及余额表中期初余额为13 800元，本期借方发生额合计为62 700元，本期贷方发生额合计为14 200，期末余额为62 300元，与总分类账户本期发生额及余额表中“原材料”账户的期初余额，本期借、贷方发生额和期末余额数字一致。应付账款明细分类账户本期发生额及余额表中期初余额为20 000元，本期借方发生额合计为20 000元，本期贷方发生额合计为0，期末余额为0，与总分类账户本期发生额及余额表中“应付账款”账户的期初余额，本期借、贷方发生额和期末余额数字一致。说明“原材料”“应付账款“总分类账户和明细分类账户平行登记的结果都是正确无误的。

表6-23　总分类账户本期发生额及余额表

2015年6月

总分类账户	期初余额		本期发生额		期末余额	
	借方	贷方	借方	贷方	借方	贷方
原材料	13 800		62 700	14 200	62 300	
合计	13 800		62 700	14 200	62 300	

表6-24 总分类账户本期发生额及余额表

2015年6月

总分类账户	期初余额		本期发生额		期末余额	
	借方	贷方	借方	贷方	借方	贷方
应付账款		20 000	20 000			0
合计		20 000	20 000			0

第三节 结账和对账

一、结账

（一）结账的意义

结账是在把本期内所发生的经济业务全部登记入账的基础上，结算出每个账户本期借、贷方发生额合计和期末余额。

在会计期末，企业要通过结账将账簿中平时记录的各类经济业务进行汇总，进而编制会计报表，确定本期的经营成果和期末财务状况，并及时将本期相关的会计信息传递给信息使用者。

（二）结账方法

结账前要将本期内所发生的各项经济业务全部登记入账。

结账时，要在最后一笔经济业务记录下面通栏划红单线，结出本月借、贷方发生额和余额，在摘要栏内注明“本月合计”字样，在下面再划通栏红单线。

需要合计本年累计发生额的某些明细账户，每月结账时，应在“本月合计”行下结出自年初起至本月末止的累计发生额，登记在月份发生额下面，在摘要栏内注明“本年累计”字样，并在下面通栏划红单线。12月末的“本年累计”就是全年累计发生额，全年累计发生额下通栏划双红线。

二、对账

（一）对账的意义

对账是相关账户之间、账户记录及会计凭证之间的核对。由于企业发生的经济业务复杂多样，在日常会计处理过程中，发生差错的可能性很大，所以要通过对账来及时检查，以便及时纠正，保证会计信息准确无误。

（二）对账的内容

1.账证核对

账证核对是账户记录与会计凭证的核对，确定两者是否相符。由于账户记录是根据会计凭证登记的，所以两者应当一致相符，如有不符，说明账户记录或者凭证的记录有差错。在会计核算中经常通过账证核对来发现或者查找差错。

2.账账核对

账账核对即在相互关联的账户之间进行核对，确定两者是否相符。具体内容包括：

（1）总账与其所属的明细账核对。总账与其所属明细账的核对通过编制“明细分类账户本期发生额、余额汇总表”进行。

（2）明细账与明细账核对，包括会计部门有关实物资产的明细分类账与实物资产保管或使用部门的明细分类账进行核对；会计部门有关资产的明细分类账与企业之外相关经济组织同内容的明细分类账的核对。

（3）所有总账账户借方发生额之和与其贷方发生额之和的核对；所有总账期末借方余额之和与其贷方余额之和的核对。

总账数据的核对通过编制“总分类账户发生额、余额试算平衡表”进行。

账账核对主要在会计期末结账和编制会计报表的过程中进行。

3.账实核对

（1）现金日记账账存数与库存现金实际库存数相核对。

（2）银行存款日记账账存数与开户银行送来的对账单的余额核对。

（3）各种有实物形态财产物资的账存数与实存数核对。

（4）结算往来款项账存数与有关往来单位或个人核对。

账实核对一般是通过财产清查进行的。

第四节 错账的更正方法

账簿记录应力求正确和清晰，但由于种种原因，可能会在账簿登记过程中出现各种各样的错误。当发现记账有误时，要采用规定的方法进行更正。更正错账的方法一般有划线更正法、红字更正法和补充登记法三种。

一、划线更正法

（一）适用的错账类型

账簿记录所依据的记账凭证没有错误，只是记账时文字或数字发生错误，可采用划线更正法更正。

（二）更正方法

1.用红笔在错误的文字或数字上划一条横线表明将其注销，但必须使原有数字可辨认备查；

2.用蓝色笔或黑色笔将正确的数字填写在同一行的上方位置；

3.更正人员在更正处盖章，以明确责任；

4.在更改错误的文字时，可只更正错误的部分；

5.在更正错误的数字时，须更正全部数字。

举例：假设上述6月16日黎明公司归还货款业务的记账凭证正确，只是会计人员在登记账簿的过程中发生笔误，将“20 000”元误记为“2 000”元。则可应用划线更正法进行错账更正，在错误金额“2 000”上划单红线，并在其上方二分之一处将正确的金额“20 000”元登记入账。划线更正法的应用见表6-25。

表6-25　　**划线更正法的应用**

总分类账户

账户名称：应付账款

2015年 6月	凭证号数	摘要	借方	贷方	借贷	余额
1日		期初余额	20 000		贷	20 000
16日	②	归还货款	~~2 000~~		平	0
30日		本期发生额及余额	20 000		平	0

二、红字更正法

（一）适用的错账类型

此方法用于已入账但记账凭证编制错误的错账更正。如，根据记账凭证记账后，发现记账凭证中的会计科目或记账方向或金额有错误，可采用此法更正。

（二）更正方法

1.用红字金额填制一张与原错误记账凭证完全相同的记账凭证，并据以登记账簿，以冲销原来的错误记录；

2.用蓝色笔或黑色笔填制一张正确的记账凭证，并据以重新登记入账。

举例：6月25日，黎明公司从银行提取库存现金4 500元。在填写记账凭证时误将两个会计科目方向填反，并据以登记入账。其错误的会计分录为：

凭证号：现付21。

借：银行存款　　4 500

　贷：库存现金　　4 500

应用红字更正法更正如下：

用红字金额编制一张与原错误记账凭证相同的记账凭证并据以登记入账，冲销原错误记录。

红字冲销现付21凭证。

借：银行存款　　[4 500]

　贷：库存现金　　[4 500]

注意，在教材里，用“[4 500]”表示红字。

再用蓝色笔或黑色笔编制一张正确的记账凭证据以登记入账，

凭证号：银付18。

借：库存现金　　4 500

　贷：银行存款　　4 500

红字更正法的应用见表6-26。

表6-26　　**红字更正法的应用**

总分类账户

账户名称：银行存款

2015年6月	凭证号数	摘要	借方	贷方	借或贷	余额
1日		期初余额			借	120 500
25日	现付21	提取库存现金	4 500		借	125 000
28日		冲销25日现付21凭证	4 500		借	120 500
28日	银付18	订正25日现付21凭证		4 500	借	116 000
30日		本期发生额及余额		4 500	借	116 000

如果仅是记账凭证金额多记且已登记入账的错账，为简化更正的会计处理，也可采用此法，但仅将多记金额冲销。

如前例，在填写记账凭证时误记金额为5 400元，多记了900元并据以登记入账，其错误的会计分录如下：

凭证号：银付18。

借：库存现金　　5 400

　贷：银行存款　　5 400

用红字更正法更正如下：

将多记的金额用红字填制一张与原错误凭证相同的记账凭证登记入账以冲销多记金额。

借：库存现金　　900

　贷：银行存款　　900

科目正确、金额多记时红字更正法的应用见表6-27。

表6-27　　**科目正确、金额多记时红字更正法的应用**

总分类账户

账户名称：银行存款

2015年6月	凭证号数	摘要	借方	贷方	借或贷	余额
1日		期初余额			借	120 500
25日	银付18	提取库存现金		5 400	借	115 100
28日		冲销25日银付18凭证		900	借	116 000
30日		本期发生额及余额		4 500	借	116 000

三、补充登记法

（一）适用的错账类型

根据记账凭证记账后，发现所记金额小于应记金额的错账，可采用补充登记法更正。

（二）更正方法

用少记的蓝字金额填制一张与原错误记账凭证完全相同的记账凭证，并据以登记账簿，以补记少记金额。

如前例，在编写记账凭证时将4 500元误记金额为4 000元，并据以登记入账。其错误的会计分录如下：

凭证号：银付18。

借：库存现金　　4 000

　贷：银行存款　　4 000

更正：将少记的金额用蓝字编制一张与原记账凭证相同的记账凭证，并登记入账。

借：库存现金　　500

　贷：银行存款　　500

补充登记法的应用见表6-28。

表6-28　　补充登记法的应用

总分类账户

账户名称：银行存款

2015年 6月	凭证 号数	摘要	借方	贷方	借 贷	余额
1日		期初余额			借	120 500
25日	银付18	提取库存现金		4 000	借	116 500
28日		补充25日银付18凭证		500	借	116 000
30日		本期发生额及余额		4 500	借	116 000

本章主要概念

平行登记、结账、对账

思考题

1. 账户与账簿有何不同？
2. 如何理解账户的结构与用途？
3. 平行登记的要点是什么？
4. 结账与对账有何意义？

第七章

会计报表

学习目标

学习主要会计报表的内容和编制方法。

第一节 会计报表概述

一、会计报表的意义

会计报表是企业对外提供的反映企业在某一特定日期财务状况和某一会计期间经营成果的会计信息载体。

在日常的会计核算中，企业通过取得与编制会计凭证、登记账簿把各项交易和事项分类地登记在会计账簿中，但账簿记录的会计信息仍然是分散的、局部的，不能集中地揭示和反映该会计期间的经营活动的成果和拥有经济资源的整体情况，因而要定期地编制会计报表，将企业一定期间的经营活动过程和结果总体地、集中地描述和反映在各种会计报表上，以便以会计报表的方式向会计信息的使用者提供他们需要的信息。会计信息使用者的主体是企业的投资者和债权人，他们主要需要两个方面的信息，即企业资产状况和盈利能力的信息。

二、会计报表的构成

会计报表主要包括资产负债表、利润表和现金流量表。其中，资产负债表反映特定时点企业的财务状况信息，利润表反映特定时期企业的经营成果信息，现金流量表以收付实现制的视角反映特定时期企业的现金流量信息。

会计报表需要定期编制，包括年度报表和中期报表，中期报表指半年度、季度或月度报表，即一般会计报表涵盖的最短时间为一个月。一般地，企业每个月要编制反映本月份经营成果和财务状况的报表。

第二节 资产负债表

一、资产负债表的意义

资产负债表是反映企业在某一特定日期资产及其权益情况的会计报表。企业提供资产负债表的目的就是反映企业在某一特定日期所拥有的资产及这些资产中借入的有多少、所有者投入的有多少。所以，资产负债表以“资产=负债＋所有者权益”的平衡关系为依据，按照一定的规则将企业所有资产、负债和所有者权益的具体项目列于其中，反映报表当日企业资产的构成项目和每一项目的金额、负债和所有者权益的构成项目和每一项目的金额，进而提供企业所占有的经济资源及其来源状况的信息、数据。

1.资产负债表可以集中提供企业资产的总额及其构成，陈述企业拥有或控制的资产及其分布信息。会计信息使用者可以通过资产负债表了解企业在某一特定日期拥有的资产总量及其结构。

2.资产负债表可以集中提供企业负债总额及其结构，表明企业未来需要清偿的各种债务。

3.资产负债表可以集中反映企业所有者拥有的净资产情况，与相关的期初数据比较可据以判断资本保值、增值情况。

4.为企业的财务分析提供基础性资料。

二、资产负债表的格式与报表项目

（一）资产负债表的格式

资产负债表的格式主要有两种：账户式和报告式。

账户式资产负债表的特点是“左右”结构，左边列示资产项目，右边列示负债和所有者权益项目，从而使资产负债表左右两边平衡。账户式资产负债表的“资产=负债＋所有者权益”平衡关系一目了然。账户式资产负债表的基本格式（简化格式）见表7-1。

报告式资产负债表是“上下”结构，首先列示资产项目，然后列示负债项目，最后列示所有者权益项目。报告式资产负债表有利于比较会计信息的呈现。报告式资产负债表的基本格式（简化格式）见表7-2。

在我国的会计实务中，资产负债表采用账户式。

表 7-1 **资产负债表（账户式）**

资产	金额	负债及所有者权益	金额
流动资产		流动负债	
非流动资产		非流动负债	
固定资产		负债合计	
无形资产		实收资本	
其他资产		资本公积	
		盈余公积	
		未分配利润	
		所有者权益合计	
资产总计		负债及所有者权益总计	

表 7-2 **资产负债表（报告式）**

项目	金额
资产项目	
流动资产	
非流动资产	
固定资产	
无形资产	
其他资产	
资产合计	
负债项目	
流动负债	
非流动负债	
负债合计	
所有者权益项目	
实收资本	
资本公积	
盈余公积	
未分配利润	
所有者权益合计	

（二）资产负债表的基本项目及其排列

资产负债表左边资产项目分为流动资产、长期投资、固定资产、无形资产及其他资产、递延税项等大类，各项目根据资产的变现速度排列。货币资产和变现速度较快的资产排列在前。所谓资产的变现速度是指非货币性资产通过交易转换为货币性资产所需用的时间。如应收账款、存货等的变现速度较快，长期投资、无形资产等的变现速度较慢。

资产负债表右边负债与所有者权益项目分为流动负债、非流动负债、递延税项、所有者权益等大类，各项目根据需要偿还的时间先后排列，先偿还的排列在前。将资产负债表左方与右方的相关项目联系起来分析，可以了解企业的偿债能力。《企业会计准则》所规定的资产负债表的格式见表7-3。

表7-3 **资产负债表** 会企01表

编制单位： 年 月 日 单位：元

资 产	期末余额	年初余额	负债和所有者权益（或股东权益）	期末余额	年初余额
流动资产：			流动负债：		
货币资金			短期借款		
以公允价值计量且其变动计入当期损益的金融资产			以公允价值计量且其变动计入当期损益的金融负债		
应收票据			应付票据		
应收账款			应付账款		
预付款项			预收款项		
应收利息			应付职工薪酬		
应收股利			应交税费		
其他应收款			应付利息		
存货			应付股利		
其中：消耗性生物资产			其他应付款		
一年内到期的非流动资产			一年内到期的非流动负债		
其他流动资产			其他流动负债		
流动资产合计			流动负债合计		
非流动资产：			非流动负债：		
可供出售金融资产			长期借款		
持有至到期投资			应付债券		
长期应收账			长期应付款		
长期股权投资			专项应付款		
投资性房地产			预计负债		
固定资产			递延收益		
在建工程			递延所得税负债		
工程物资			其他非流动负债		
固定资产清理			非流动负债合计		
生产性生物资产			负债合计		
油气资产			所有者权益（或股东权益）：		
无形资产			实收资本（或股本）		
开发支出			资本公积		
商誉			减：库存股		
长期待摊费用			其他综合收益		
递延所得税资产			盈余公积		
其他非流动资产			未分配利润		
非流动资产合计			所有者权益（或股东权益）合计		
资产总计			负债和所有者权益（或股东权益）总计		

单位负责人： 财务负责人： 复核： 制表：

三、资产负债表的编制

资产负债表为方便本期与上年度的数据对比，设有“年初余额”和“期末余额”两个金额栏。报表信息来自凭证与账簿。

（一）年初余额的填列

“年初余额”栏内各项目数额，根据上年年末资产负债表“期末余额”栏内所列数额填列。

（二）期末余额的填列

“期末余额”栏内的各项目数额的具体填列方法主要有以下几种：

1.根据总账科目的期末余额填列。资产负债表中的有些项目根据总账科目余额直接填列，如“短期借款”“应付票据”“应付职工薪酬”等。有些项目根据几个总账科目的余额计算填列，如货币资金项目根据“库存现金”“银行存款”“其他货币资金”三个总账科目余额加总填列。

2.根据有关明细科目的期末余额计算填列。如应付账款项目根据“应付账款”和“预付账款”两科目所属各有关明细科目的期末贷方余额合计填列；应收账款项目根据“应收账款”和“预收账款”两科目所属各有关明细科目的期末借方余额合计填列。

3.根据有关总账科目和明细科目的期末余额分析计算填列。如“长期借款”项目，根据“长期借款”总账科目余额扣除长期借款科目所属明细科目中将在一年内到期的金额计算填列。

4.根据有关科目余额减去其备抵科目余额后的净额填列。如应收账款项目根据“应收账款”和“预收账款”两科目所属各有关明细科目的期末借方余额合计，减去“坏账准备”科目中有关应收账款计提的坏账准备期末余额后的金额填列；固定资产项目根据“固定资产”科目的期末余额减去“累计折旧”和“固定资产减值准备”科目期末余额后的金额填列。

5.根据有关账户的期末余额进行分析后填列。如存货项目根据“物资采购”“原材料”“低值易耗品”“自制半成品”“库存商品”“包装物”“分期收款发出商品”“委托加工物资”“委托代销商品”“受托代销商品”“生产成本”等科目的期末余额合计，减去“代销商品款”“存货跌价准备”科目期末余额后的金额（材料采用计划成本核算，以及库存商品采用计划成本或售价核算的企业，还应按加或减“材料成本差异”“商品进销差价”后的金额）填列。

未分配利润项目如果反映的是未弥补亏损，在本项目内以“-”号表示。

（三）资产负债表各项目的列报说明

资产负债表“期末余额”栏内各项数字，应当根据资产、负债和所有者权益期末情况填列。具体内容如下：

（1）“货币资金”项目，反映企业期末持有的库存现金、银行存款和其他货币资金等的总额，应当根据“库存现金”“银行存款”“其他货币资金”科目期末借方余额合计填列。

（2）“以公允价值计量且其变动计入当期损益的金融资产”项目，反映企业持有的交易性金融资产的期末价值，即以公允价值计量且其变动计入当期损益的金融资产，包括为交易目的所持有的债券投资、股票投资、基金投资、权证投资等和直接指定为以公允价值计量且其变动计入当期损益的金融资产。本项目应当根据“交易性金融资产”科目期末借方余额填列。

（3）“应收票据”项目，反映企业期末持有的因销售商品、产品，提供劳务等而收到的、未到期收款也未向银行贴现的应收票据的期末价值，包括商业承兑汇票和银行承兑汇票。本项目应当根据“应收票据”科目期末借方余额填列。

（4）“应收账款”项目，反映企业期末持有的因销售商品、提供劳务等经营活动应收取各种款项的实际价值，应当以扣减累计提取的“坏账准备”后的净额填列。

特别需要说明的是，企业与同一客户在购销商品结算过程中形成的债权债务关系应当单独列示，不应当相互抵销，即应收账款不能与预收账款相互抵销、预付账款不能与应付账款相互抵销、应付账款不能与应收账款相互抵销、预收账款不能与预付账款相互抵销。

（5）“预付款项”项目，反映企业期末持有的按照购货合同规定预付给供应单位的款项。“预付账款”科目所属有关明细科目期末有贷方余额的，应在本表“应付账款”项目内反映。“应付账款”科目所属明细科目有借方余额的，也应包括在本项目内。

（6）“应收利息”项目，反映企业持有的发放贷款、持有至到期投资、可供出售金融资产、存放中央银行款项等应收取的利息。企业购入到期一次还本付息的持有至到期投资持有期间应收的利息，在“持有至到期投资”项目中反映，不在本项目反映。

（7）“应收股利”项目，反映企业持有的应收取的现金股利的期末价值，应收取的其他单位分配的利润的期末价值，也在本项目内反映。

（8）“其他应收款”项目，反映企业期末持有的其他应收款的实际价值。委托贷款中短期及一年内到期（含一年）的委托贷款也在本项目填列。本项目应根据“其他应收款”的期末余额，减去“坏账准备”科目中有关其他应收款计提的坏账准备期末余额后的金额，与委托贷款中短期及一年内到期（含一年）的委托贷款期末余额，减去该部分委托贷款减值准备期末余额后的金额合计填列。

（9）“存货”项目，反映企业期末持有的在库、在途和在加工中的各项存货的实际价值，包括各种材料、库存商品、在产品、半成品、周转材料（或者包装物及低值易耗品）、发出商品、委托加工物资等。该项目应当按照存货科目的期末余额合计，扣减已提取的“存货跌价准备”后的净额填列。

材料采用计划成本核算以及库存商品采用计划成本或售价核算的企业，“存货”项目还应按加上或减去“材料成本差异”“商品进销差价”期末余额后的金额填列。

“代理业务资产”减去“代理业务负债”后的余额在“存货”项目反映。其中，代理业务资产反映企业代理业务形成的除以企业自身名义存放的货币资金以外的其他资产，如受托理财业务进行的证券投资、受托贷款等；代理业务负债反映企业的代理业务收到的各类款项，如受托投资资金、受托贷款资金等。

建造承包商的“工程施工”期末余额大于“工程结算”期末余额的差额，也应在“存货”项目反映。

（10）“一年内到期的非流动资产”项目，反映企业将于一年内（含一年）到期的非流动资产项目金额。本项目应根据有关科目的期末余额填列。

（11）“其他流动资产”项目，反映企业除货币资金、交易性金融资产、应收票据、应收账款、预收账款、应收利息、应收股利、其他应收款、存货等流动资产以外的其他流动资产。本项目应根据有关科目的期末余额填列。企业期末“衍生工具”“套期工具”“被套期项目”科目的借方余额，可在本项目中反映。

（12）“可供出售金融资产”项目，反映企业持有的以公允价值计量的“可供出售金融资产”的期末价值，包括划分为可供出售的股票投资、债券投资、基金投资等金融资产。本项目应按“可供出售金融资产”的期末价值，减去“可供出售金融资产减值准备”科目期末余额后的金额填列。

（13）“持有至到期投资”项目，反映企业期末持有的以摊余成本计量的持有至到期投资的实际价值。企业委托银行或其他金融机构向其他单位贷出的款项，也包括在本项目内。本项目应根据“持有至到期投资”科目的期末余额，扣减“持有至到期投资减值准备”科目的余额后填列。

（14）“长期应收款”项目，反映企业融资租赁产生的应收款项和采用递延方式具有融资性质的销售商品和提供劳务等产生的长期应收款项。截至资产负债表日，到期日在一年以上的委托贷款也在本项目填列。本项目应根据“长期应收款”科目的期末余额，减去相应的“未实现融资收益”科目和“坏账准备”科目所属相关明细科目期末余额后的金额填列，与到期日在一年以上的委托贷款期末余额，减去该部分委托贷款减值准备期末余额后的金额合计填列。长期应收款中将于一年内到期的部分，在“一年内到期的非流动资产”项目反映。

（15）“长期股权投资”项目，反映投资方对被投资单位实施控制、重大影响的权益性投资，以及对其合营企业的权益性投资。本项目应根据“长期股权投资”科目的期末余额，扣减“长期股权投资减值准备”科目的余额后填列。

（16）“投资性房地产”项目，反映企业期末持有的投资性房地产的实际价值。企业采用成本模式计量投资性房地产的，本项目应根据“投资性房地产”科目的期末余额，减去“投资性房地产累计折旧（摊销）”和“投资性房地产减值准备”科目期末余额后的金额填列；采用公允价值模式计量投资性房地产的，本项目应根据“投资性房地产”科目的期末余额填列。

(17)“固定资产”项目，反映企业期末持有的固定资产的实际价值。本项目应根据“固定资产”科目的期末余额，扣减“累计折旧”和“固定资产减值准备”科目的余额后填列。

(18)“在建工程”项目，反映期末各项未完工程的实际支出，包括交付安装的设备价值、未完建筑安装工程已经耗用的材料、工资和费用支出、预付出包工程的价款等的可收回金额。企业与固定资产有关的后续支出，包括固定资产发生的日常修理费、大修理费用、更新改造支出、房屋的装修费用等，满足固定资产确认条件的，也在本项目反映；没有满足固定资产确认条件的，不在本项目反映。本项目应根据“在建工程”科目的期末余额填列。在建工程计提了减值准备的，还应当扣减累计计提的减值准备金额。

(19)“工程物资”项目，反映企业为在建工程准备的各种物资的价值，包括工程用材料、尚未安装的设备以及为生产准备的工器具等的期末价值。本项目应根据“工程物资”科目的期末余额填列。工程物资计提了减值准备的，还应当扣减累计计提的减值准备金额。

(20)“固定资产清理”项目，反映企业因出售、报废、毁损、对外投资、非货币性资产交换、债务重组等原因转入清理的固定资产价值以及在清理过程中所发生的费用和变价收入等。本项目应根据“固定资产清理”科目的期末借方余额填列。如“固定资产清理”科目期末为贷方余额，以“-”号填列。

(21)“生产性生物资产”项目，反映企业（农业）持有的生产性生物资产的期末实际价值。本项目应根据“生产性生物资产”科目的期末余额，扣减“生产性生物资产累计折旧”后的余额填列。如果生产性生物资产计提了减值准备的，还应当扣减累计计提的减值准备金额。

(22)“油气资产”项目，反映企业（石油天然气开采）持有的矿区权益和油气井及相关设施的实际价值。企业（石油天然气开采）与油气开采活动相关的辅助设备及设施在“固定资产”项目反映，不在本项目反映。本项目应根据“油气资产”科目的期末余额，扣减“累计折耗”科目的余额填列。如果油气资产计提了减值准备，还应当扣减累计计提的减值准备金额。

(23)“无形资产”项目，反映企业期末持有的各项无形资产成本，包括专利权、非专利技术、商标权、著作权和土地使用权等。

采用成本模式计量的已出租的土地使用权和持有并准备增值后转让的土地使用权，在“投资性房地产”项目反映，不在本项目反映。本项目应根据“无形资产”科目的期末余额扣减“累计摊销”和“无形资产减值准备”科目的余额后填列。

(24)“开发支出”项目，反映企业开发无形资产过程中发生的、尚未形成无形资产成本的支出。本项目应根据“研发支出”科目中所属的“资本化支出”明细科目期末余额填列。

(25)“商誉”项目，反映企业在非同一控制下的吸收合并中形成的商誉的价值。本项目可以根据“商誉”科目的期末余额填列。如果企业单独设置“商誉减值准备”科目核算商誉发生的减值，则本项目应当根据“商誉”科目的期末余额扣减“商誉减值准备”科目的余额后填列。

(26)“长期待摊费用”项目，反映企业已经发生但应由本期和以后各期负担的分摊期限在一年以上的各项费用，如以经营租赁方式租入固定资产发生的改良支出。“长期待摊费用”科目中将于一年内摊销的部分，应在“一年内到期的非流动资产”项目中反映。本项目应根据“长期待摊费用”科目的期末余额减去将于一年内（含一年）摊销的数额后的金额填列。

(27)“递延所得税资产”项目，反映企业根据所得税准则确认的可抵扣暂时性差异产生的所得税资产的期末价值。根据税法规定可用以后年度税前利润弥补的亏损产生的所得税资产，也在本项目反映。本项目应根据“递延所得税资产”科目的期末余额填列。

(28)“其他非流动资产”项目，反映企业除长期股权投资、固定资产、在建工程、工程物资、无形资产等以外的其他非流动资产。企业期末持有的公益性生物资产、施工企业的临时设施也在“其他非流动资产”项目反映。本项目应根据有关科目的期末余额填列。

(29)“短期借款”项目，反映企业向银行或其他金融机构等借入的期限在一年以下（含一年）的各种借款。本项目应根据“短期借款”科目的期末余额填列。

(30)“以公允价值计量且其变动计入当期损益的金融负债”项目，反映企业承担的以公允价值计量且其变动计入当期损益的、为交易目的所持有的金融负债。本项目应根据“交易性金融负债”科目的期末余额填列。

(31)“应付票据”项目，反映企业因购买材料、商品和接受劳务供应等而开出、承兑的商业汇票，包括银行承兑汇票和商业承兑汇票。本项目应根据“应付票据”科目的期末余额填列。

(32)“应付账款”项目，反映企业因购买材料、商品和接受劳务供应等经营活动应支付的款项。本项目应根据“应付账款”和“预付账款”科目所属各明细科目的期末贷方余额合计数填列。“预收账款”科目所属有关明细科目有借方余额的，应在资产负债表“应收账款”项目内填列。建造承包商的“工程施工”期末余额小于“工程结算”科目期末余额的差额，也在本项目反映。

(33)“预收款项”项目，反映企业按照合同规定向购货单位预收的款项。本项目应根据“预收账款”科目所属各明细科目的期末贷方余额合计填列。“预收账款”科目所属各明细科目有借方余额的，应在本表“应收账款”项目内填列；“应收账款”科目所属各明细科目有贷方余额的，也应包括在本项目内。

(34)“应付职工薪酬”项目，反映企业根据有关规定应付给职工或为职工负担的工资、职工福利费、社会保险费、工会经费、职工教育经费、非货币性福利、辞退福利等各种薪酬。外商投资企业按规定从净利润中提取的职工奖励及福利基金，也在本项目反映。本项目应根据“应付职工薪酬”科目的期末贷方余额填列。“应付职工薪酬”期末转为债权的，以“-”号填列。

（35）“应交税费”项目，反映企业按照税法规定计算应缴纳的各种税费，包括增值税、消费税、营业税、所得税、资源税、土地增值税、城市维护建设税、房产税、城镇土地使用税、车船税、教育费附加、矿产资源补偿费等。企业代扣代缴的个人所得税，也通过本项目反映。企业不需要预计应交数所缴纳的税金，如印花税、耕地占用税等，不在本项目反映。本项目应根据“应交税费”科目的期末余额填列。“应交税费”期末转为债权的，以“-”号填列。

（36）“应付利息”项目，反映企业按照合同约定应支付的利息，包括吸收存款、分期付息到期还本的长期借款、企业债券等应支付的利息。本项目应根据“应付利息”科目的期末余额填列。

（37）“应付股利”项目，反映企业分配的现金股利或利润。企业分配的股票股利，不通过本项目反映。本项目应根据“应付股利”科目的期末余额填列。

（38）“其他应付款”项目，反映企业除应付票据、应付账款、预收账款、应付职工薪酬、应付股利、应付利息、应交税费和长期应付款等以外的其他各项应付、暂收的款项。企业应交政府等部门的各项基金及附加也在本项目反映。本项目应根据“其他应付款”“其他应交款”科目的期末余额填列。

（39）“一年内到期的非流动负债”项目，反映企业非流动负债中将于资产负债表日后一年内到期部分的余额。本项目应根据有关科目的期末余额填列。将于一年内偿还的长期借款及“递延收益”中将于一年内到期的部分在本项目中反映。

（40）“其他流动负债”项目，反映企业除短期借款、交易性金融负债、应付票据、应付账款、应付职工薪酬、应交税费等流动负债以外的其他流动负债。本项目应根据有关科目的期末余额填列。企业期末“衍生工具”“套期工具”“被套期项目”科目的贷方余额，可在本项目中反映。

（41）“长期借款”项目，反映企业向银行或其他金融机构借入的尚未归还的一年期以上（不含一年）的各项借款。本项目应根据“长期借款”科目所属明细科目的期末余额填列。

（42）“应付债券”项目，反映企业为筹集长期资金而发行的债券本金和利息。发行一年期及一年期以内的短期债券，在“交易性金融负债”项目反映，不在本项目反映。本项目应根据“应付债券”科目所属明细科目的期末余额填列。

（43）“长期应付款”项目，反映企业除长期借款和应付债券以外的其他各种长期应付款项，包括应付租入固定资产的融资租赁费、以分期付款方式购入固定资产等发生的应付款项等。本项目根据“长期应付款”科目期末余额减去相应的“未确认融资费用”科目期末余额填列。“递延收益”期末余额也在本项目填列。“长期应付款”中将于一年内到期的部分，在“一年内到期的非流动负债”项目反映。

（44）“专项应付款”项目，反映企业取得国家（政府）作为所有者投入的具有专项或特定用途的款项，如属于工程项目的资本性拨款等。企业集团中使用的技术开发费等尚未结转或转销余额也在本项目中反映。本项目应根据“专项应付款”科目的期末余额填列。

（45）“预计负债”项目，反映企业根据或有事项等相关准则确认的各项预计负债，包括对外提供担保、未决诉讼、产品质量保证、重组义务、亏损性合同等预计负债。本项目应根据“预计负债”科目的期末余额填列。

（46）“递延所得税负债”项目，反映企业根据所得税准则确认的应纳税暂时性差异产生的所得税负债。本项目应根据“递延所得税负债”科目的期末余额填列。

（47）“其他非流动负债”项目，反映企业除长期借款、应付债券等负债以外的其他非流动负债。本项目应根据有关科目的期末余额减去将于一年内（含一年）到期偿还数后的余额填列。如企业“递延收益”科目中除了将于一年内到期部分的期末余额，应在“其他非流动负债”项目反映。非流动负债各项目中将于一年内（含一年）到期的非流动负债，应在“一年内到期的非流动负债”项目内单独反映。

（48）“实收资本（或股本）”项目，反映企业接受投资者投入企业的实收资本或股本总额。本项目应根据“实收资本（或股本）”科目的期末余额填列。

（49）“资本公积”项目，反映企业收到投资者出资额超出其在注册资本或股本中所占份额的部分以及直接计入所有者权益的利得和损失等的期末余额。本项目应根据“资本公积”科目的期末余额填列。期末资本公积为负数的，以“-”号填列。

（50）“库存股”项目，反映企业持有尚未转让或注销的本公司股份。本项目应根据“库存股”科目的期末余额填列。

（51）“其他综合收益”项目，反映企业根据会计准则规定未在损益中确认的各项利得和损失扣除所得税影响后的净额。本项目应根据“其他综合收益”科目的期末余额填列。

（52）“盈余公积”项目，反映企业从净利润中提取的盈余公积的期末余额。本项目应根据“盈余公积”科目的期末余额填列。

（53）“未分配利润”项目，反映企业尚未分配的利润。本项目应根据“本年利润”科目和“利润分配”明细科目的期末余额填列。期末累计未分配利润为负数的，以“-”号填列。

第三节 利润表

一、利润表的意义

利润表是反映企业在一定期间经营成果的会计报表。利润表反映企业实现利润的情况。利润表根据“收入-费用=利润”会计等式的关系，依照一定的标准和顺序，把企业在一定期间内的收入、费用和利润项目列入其中，反映企业一定期间收入的构成和实现情况，如实现的营业收入是多少、实现投资收益是多少以及营业外收入是多少等。同时反映该期间费用发生的情况，如营业成本是多少、营业税金及附加是多少以及销售费用、管理费用、财务费用各有多少等。最后反映该期间的生产经营成果即净利润的实现情况。另外，通过利润表提供的本期金额与上期金额进行对比，可以比较、分析企业获利能力的发展趋势，通过利润表与资产负债表相关数据的联系，分析企业的偿债能力、盈利能力和发展水平等。

二、利润表的格式

利润表的格式主要有单步式和多步式两种。

单步式利润表是将本期所有收入、费用逐项列示，再加总；然后将两者相减得出净利润。单步式利润表的结构简单、直观，易于编制。但这种形式的利润表所提供的资料无法直接反映企业在报告期内收入与费用、支出的配比关系，以及利润的构成情况。单步式利润表的基本格式见表7-4。

表7-4　　**利润表**

编制单位：阳光股份有限公司　　年度　　单位：元

项　目	行　次	本月数	本年累计数
一、收入			
营业收入			
投资收益			
营业外收入			
收入合计			
二、费用			
营业成本			
流转税			
销售费用			
管理费用			
财务费用			
营业外支出			
所得税费用			
费用合计			
三、净利润			

多步式利润表是对不同性质、不同类别的收入、费用、支出进行归类，即从主营业务收入到净利润按利润形成的步骤，分步骤、分层次地计算出中间环节利润指标。多步式利润表便于对企业生产经营成果的形成进行深入分析，便于有效评价企业的盈利能力。

利润表通常包括四部分内容：

第一，营业收入。营业收入是企业经营活动所获得的收入。

第二，营业利润。营业利润由营业收入减去营业成本、营业税金及附加、销售费用、管理费用、财务费用、资产减值损失、投资收益（减去投资损失）形成。

第三，利润总额。即营业利润加上营业外收入，减去营业外支出。

第四，净利润。即利润总额减去所得税费用。

按照上述四部分内容，多步式利润表按照以下三个层次披露利润信息。

第一个层次：营业利润

营业利润=营业收入-营业成本-营业税金及附加-营业费用-管理费用-财务费用-资产减值损失+公允价值变动收益（或减变动损失）+投资收益（或减投资损失）

其中营业收入包括“主营业务收入”和“其他业务收入”；营业成本包括“主营业务成本”和“其他业务成本”。

第二个层次：利润总额

利润总额＝营业利润+营业外收入-营业外支出

第三个层次：净利润

净利润＝利润总额-所得税费用

我国《企业会计准则》所规定的利润表的格式是多步式，见表7-5。

三、利润表的编制

利润表中“上期金额”栏各项数字，根据上年该期利润表“本期金额”栏内所列数字填列。

利润表内“本期金额”栏各项数字，根据有关总账科目本期发生额填列。具体填列方法主要有以下几种：

1.根据有关总账科目的本期发生额分析填列。

利润表大多数项目的填列都是采用这种方法，如：“营业收入”“营业成本”“营业税金及附加”“销售费用”“管理费用”“财务费用”“资产减值损失”“营业外收入”“营业外支出”“所得税费用”。通常，收入类项目根据各该科目的贷方发生额填列，费用类项目根据各该科目的借方发生额填列。

2.根据表内项目加减填列。

这类项目具体包括：营业利润、利润总额、净利润。

3.利润表“本年金额”栏内各项数字填列说明。

（1）“营业收入”项目，反映企业经营主要业务和其他业务所确认的收入总额。本项目应根据“主营业务收入”科目和“其他业务收入”科目的发生额分析填列。

表7-5　　　　　　　　　　　　　利润表　　　　　　　　　　　　会企02表

编制单位：　　　　　　　　　　2015年度　　　　　　　　　　　单位：元

项　目	本期金额	上期金额（略）
一、营业收入		
减：营业成本		
营业税金及附加		
销售费用		
管理费用		
财务费用		
资产减值损失		
加：公允价值变动收益（损失以“-”号填列）		
投资收益（损失以“-”号填列）		
其中：对联营企业和合营企业的投资收益		
二、营业利润（亏损以“-”号填列）		
加：营业外收入		
减：营业外支出		
其中：非流动资产处置损失		
三、利润总额（亏损总额以“-”号填列）		
减：所得税费用		
四、净利润（净亏损以“-”号填列）		
五、其他综合收益的税后净额		
（一）以后不能重分类进损益的其他综合收益		
（二）以后将重分类进损益的其他综合收益		
权益法下在被投资单位以后将重分类进损益的其他综合收益中享有的份额		
六、综合收益总额		
七、每股收益		
（一）基本每股收益		
（二）稀释每股收益		

（2）“营业成本”项目，反映企业经营主要业务和其他业务发生的实际成本总额。本项目应根据“主营业务成本”科目和“其他业务成本”科目的发生额分析填列。

（3）“营业税金及附加”项目，反映企业经营业务应负担的营业税、消费税、城市维护建设税、资源税、土地增值税和教育费附加等。本项目应根据“营业税金及附加”科目的发生额分析填列。企业代有关部门和单位收取的各种基金、费用和附加等，如城市维护建设税及教育费附加，不包括在本项目内。

（4）“销售费用”项目，反映企业在销售商品过程中发生的包装费、广告费等费用和为销售本企业商品而专设的销售机构的职工薪酬、业务费等经营费用。本项目应根据“销售费用”科目的发生额分析填列。

（5）“管理费用”项目，反映企业为组织和管理生产经营发生的管理费用。本项目应根据“管理费用”科目的发生额分析填列。

（6）“财务费用”项目，反映企业筹集生产经营所需资金等而发生的筹资费用。本项目应根据“财务费用”科目的发生额分析填列。

企业发生勘探费用的，应在“管理费用”和“财务费用”项目之间，增设“勘探费用”项目反映。

（7）“资产减值损失”项目，反映企业各项资产发生的减值损失。本项目应根据“资产减值损失”科目的发生额分析填列。

（8）“公允价值变动收益”项目，反映企业按照相关准则规定应当计入当期损益的资产或负债公允价值变动净收益，如交易性金融资产当期公允价值的变动额。本项目应根据“公允价值变动损益”科目的发生额分析填列；如为净损失，以“-”号填列。

（9）“投资收益”项目，反映企业以各种方式对外投资所取得的收益。本项目应根据“投资收益”科目的发生额分析填列；如为净损失，以“-”号填列。企业持有的交易性金融资产处置和出售时，处置收益部分应当自“公允价值变动损益”项目转出，列入本项目。本项目下应当单独列示对联营企业和合营企业的投资收益。

（10）“营业外收入”项目，反映企业发生的与其经营活动无直接关系的各项收入。本项目应根据“营业外收入”科目的发生额分析填列。

（11）“营业外支出”项目，反映企业发生的与其经营活动无直接关系的各项支出。本项目应根据“营业外支出”科目的发生额分析填列。本项目下应当单独列示非流动资产处置损失。“非流动资产处置损失”项目，反映处置非流动资产发生的净损失，如处置固定资产、无形资产等所发生的净损失。处置非流动资产如为净收益，则以“-”号填列。“非流动资产处置损失”项目应根据“营业外支出”科目所属“非流动资产处置损失”明细科目的发生额分析填列。

（12）“利润总额”项目，反映企业实现的利润总额，如为亏损总额，以“-”号填列。

（13）“所得税费用”项目，反映企业根据所得税准则确认的应从当期利润总额中扣除的所得税费用。本项目应根据“所得税费用”科目的发生额分析填列。

（14）“其他综合收益”项目，反映企业根据企业会计准则规定未在损益中确认的各项利得和损失扣除所得税影响后的净额。

（15）“综合收益总额”项目，反映企业净利润与其他综合收益的合计金额。

（16）“基本每股收益”项目，应当根据每股收益准则规定计算的金额填列。企业应当按照归属于普通股股东的当期净利润，除以发行在外普通股的加权平均数计算基本每股收益。

（17）“稀释每股收益”项目，应当根据每股收益准则规定计算的金额填列。企业存在稀释性潜在普通股的，应当分别调整归属于普通股股东的当期净利润和发行在外普通股的加权平均数，并据以计算稀释每股收益。

本章主要概念

会计报表、资产负债表、利润表

思考题

1. 如何理解编制会计报表的意义？

2. 资产负债表与利润表有何不同？

第八章 企业基本经济活动的会计处理

制造企业是从事产品生产和经营的经济组织，其经济活动相对全面、复杂，基本涵盖了其他行业企业经济活动的主要内容。具体包括经营资本的筹集、生产准备、产品生产、产品销售和经营成果的确定等阶段。本章举例说明制造企业基本经济活动的会计处理方法和过程。

假设你和李明共同投资开办了一家新的公司——宏明家俱有限公司（简称宏明公司），从事课桌椅的加工制造。你和李明协议：李明投入库存现金300 000元，你投入库存现金100 000元，向银行贷款100 000元，由你负责经营管理，每年所获经营利润按投资的比例分成。企业登记和在银行开设账户等工作已经完成。在本例中，运用科目汇总表核算程序，以宏明公司2016年1月份所发生的经济内容代替原始凭证，以会计分录作为记账凭证，以T形账形式代替总账和明细账，简要说明对制造企业经济活动从原始凭证的获取到会计报表编制的会计记录过程。

第一节 资本筹集核算

为进行生产经营活动，企业要通过引进投资、向银行贷款等方式筹集经营资本。

一、投入资本的核算

（一）设置、运用的账户

1.“实收资本”账户。实收资本账户是权益类账户，用于记录投资人在企业投资的增减变动。收到投资人的投资时，投资增加记入贷方；投资人收回投资，投资减少记入借方。余额在贷方，表示期末投资人投入资本的实有数额。该账户按投资者的名称设置明细账，进行明细分类核算。

2.“银行存款”账户。银行存款账户是资产类账户，用于记录银行存款的增减变动。银行存款的增加记入借方，减少记入贷方，余额在借方，表示银行存款的期末结存数额。

（二）相关业务与会计分录

【例8-1】1月1日你和李明投入库存现金400 000元，款项存入开户银行工商银行百汇支行，并已收到开户银行转来的进账单。

这笔业务的发生，一方面银行存款增加，另一方面你和李明对公司的投资增加，依据银行进账单编制会计分录为：

借：银行存款　　　　400 000

　贷：实收资本——李明　　　　300 000

　　　　　　　——本人　　　　100 000

二、银行借款的核算

（一）设置、运用的账户

“短期借款”账户。短期借款账户是负债类账户，用以记录企业银行借款的增减变动。银行借款增加记入贷方，减少记入借方，余额在贷方，表示企业期末尚未归还的银行借款数额。

（二）相关业务与会计分录

【例8-2】1月1日，公司向工商银行百汇支行贷款100 000元到账，存入银行，已收到开户银行转来的进账单。

这笔业务的发生，企业的银行借款增加，由于银行贷款要先行存入银行再使用，所以当公司取得银行借款存入银行时，银行存款同时增加，依据银行进账单编制会计分录为：

借：银行存款　　　　100 000

　贷：短期借款　　　　100 000

第二节 生产准备核算

为了进行产品的生产，企业必须购建或者租用厂房，购置机器设备等固定资产、采购原材料、招聘员工等。

一、固定资产的核算

固定资产是指使用期限较长（一年以上）、单位价值较高，并长期保持其原有实物形态的劳动资料。固定资产按其取得时的实际成本（即原始价值）入账。固定资产的实际成本是取得该项固定资产并使其达到可使用状态所发生的一切合理、必要支出，包括买价、税金、运杂费、包装费、安装费等。

（一）设置、运用的账户

1.“固定资产”账户。固定资产账户是资产类账户，用以记录固定资产原值的增减变动，固定资产原值的增加记入借方、减少记入贷方，余额在借方，表示期末结存固定资产的原始价值。

2.“在建工程”账户。在建工程账户是资产类账户，用以记录需要安装后才能投入使用的固定资产的购买、安装成本。该账户的借方归集需要安装固定资产的价款以及包装费、运杂费和安装费等。该固定资产安装完成交付使用时，企业的固定资产才确实增加了，记入“固定资产”账户借方，记入该账户贷方。该账户的余额在借方，表示尚在安装过程中的固定资产价值。

3.“长期待摊费用”账户。长期待摊费用账户是资产类账户，用于记录企业已经全部支付但应由本期及以后相关期间受益、负担的费用。费用支付时记入该账户的借方，在负担期摊销时记入该账户的贷方，余额为尚未负担的数额。

（二）相关业务与会计分录

【例8-3】1月1日，宏明宇公司出纳员去银行提取库存现金10 000元，用于日常零星开支。

去银行提取库存现金是银行存款与库存现金之间的划转业务，只编制银行存款付款凭证，库存现金增加，银行存款减少。

借：库存现金　　10 000
　贷：银行存款　　10 000

【例8-4】1月3日，宏宇公司租用厂房一栋，以银行存款支付3年租金36 000元，已收到宏宇公司开具的租金收据。

租用的厂房也是固定资产，但是其所有权不属于宏明公司，不做固定资产增加入账，会计上要核算租用厂房支付的租金。此项经济业务发生，一方面租金费用增加；另一方面银行存款减少，依据宏宇公司开具的租金收据编制会计分录如下：

借：长期待摊费用　　36 000
　贷：银行存款　　36 000

【例8-5】1月4日，从华丰汽车经销公司购入运输汽车1台，买价58 000元，以银行存款支付买价并收到华丰公司开具的发票。

这笔业务的发生，一方面固定资产中的运输设备增加；另一方面银行存款减少，依据华丰公司开具的发票编制会计分录如下：

借：固定资产　　58 000
　贷：银行存款　　58 000

【例8-6】1月8日向兴盛公司购入需要安装的家俱加工设备5台，买价共计87 000元，运杂费1 600元。全部款项已用银行存款支付，并收到兴盛公司开具的发票。

由于该设备需要安装，因此将因购买而发生买价和运费等支出先在“在建工程”账户归集。依据兴盛公司开具的发票编制会计分录如下：

借：在建工程　　88 600
　贷：银行存款　　88 600

【例8-7】1月10日设备委托振兴公司安装，以库存现金支付安装费用1 000元，并收到振兴公司开具的发票。

设备安装，安装费用计入工程成本。依据振兴公司开具的发票编制会计分录如下：

借：在建工程　　1 000

　贷：库存现金　　1 000

【例8-8】1月15日设备安装完成经验收交付使用。

设备交付使用，将设备的全部成本89 600元，由“在建工程”账户的贷方转入“固定资产”账户的借方。会计分录如下：

借：固定资产　　89 600

　贷：在建工程　　89 600

二、材料采购的核算

材料采购要向材料供应商及承运商支付材料的买价及各种采购费用（包括运输费、装卸费、包装费、运输途中的保险费等）。材料的买价加上各项采购费用构成材料的采购成本。因此，材料买价的结算、各项采购费用的支付，以及材料采购成本的计算，构成采购过程核算的主要内容。

（一）设置、运用的账户

1.“原材料”账户。原材料账户是资产类账户，用于记录原材料的增减变动。购入并已验收入库材料的实际成本记入借方，发出材料的实际成本记入贷方，余额在借方，表示期末结存材料的实际成本。该账户应按材料的种类、名称和规格型号设置明细分类账，进行明细分类核算。

2.“应付账款”账户。应付账款账户是负债类账户，用于记录应付未付购货款的增减变动。该账户的贷方登记应付材料供应方的款项，借方登记已偿付供应方的款项，余额在贷方，表示期末企业尚未偿还的应付款项。该账户应按供应单位设置明细账，进行明细分类核算。

（二）相关业务与会计分录

【例8-9】1月3日向通森木业公司购入多层胶合板180张，单价50元，价款9 000元；向华阳钢管厂购入钢管5 000千克，单价每千千克4 600元，价款23 000元。材料买价共计32 000元。上述款项已开出转账支票，以银行存款支付。

这笔经济业务的发生，一方面原材料增加；另一方面银行存款减少，依据销售方开具的发票、材料入库单等编制会计分录如下：

借：原材料——胶合板　　9 000

　　　　——钢管　　23 000

　贷：银行存款　　32 000

【例8-10】1月4日向华阳钢管厂购进钢管10 000千克，单价每千千克4 600

元，计46 000元，已收到销售方开具的发票，材料验收入库，款项尚未支付。

这笔经济业务的发生，一方面材料增加；另一方面由于货款未付，公司债务增加。依据销售方开具的发票和材料入库单等编制会计分录如下：

借：原材料——钢管　　46 000

　贷：应付账款　　46 000

第三节 产品生产核算

一、产品生产业务的主要内容

在生产过程中，一方面是生产工人借助于机器设备对原材料进行加工，制造出各种新的产品；另一方面也要发生各种经济资源的耗费，如机器设备的磨损、各种材料的消耗、员工的工资以及其他费等，这些耗费作为生产费用形成新产品的成本和当期费用。

二、设置、运用的账户

1.“生产成本”账户。生产成本账户是资产类账户，用于记录产品这种资产的各项生产成本，待产品加工完成，其记录的全部生产成本再转入产成品账户，反映产品资产的成本价格。应计入产品成本的各项成本记入该账户借方，包括为产品所消耗的材料成本、人工成本以及月末经分配计入产品成本的制造费用，当月完工产品成本从其贷方转出，转入“库存商品”账户借方，期末余额在借方，表示尚未完工产品（在产品）的成本。该账户按产品品种设置明细账，进行明细分类核算，以提供每种产品的完工产品总成本和单位成本。所以，生产成本明细账也是产品的成本计算单。成本计算单按成本计算对象（每种产品）开设，按成本项目（一般是材料、人工和制造费用）设置专栏，以提供每种产品当期所耗费各种生产费用的详细数据信息。

2.“制造费用”账户。制造费用账户是资产类账户，用于记录在生产车间范围内为组织和管理产品生产所发生的不便于直接记入“生产成本”账户的各项间接费用，包括车间管理人员的工资和福利费、车间用固定资产的折旧费、修理费、办公费、水电费等。平时在生产车间范围内实际所发生的各项制造费用记入其借方；月末将借方归集的全部制造费用从贷方转出，转入“生产成本”账户借方，该账户月末结转后无余额。

3.“管理费用”账户。管理费用账户是损益类账户，用于记录企业管理部门为组织和管理生产经营活动所发生的各项费用，包括管理人员的工资、办公费、折旧费、业务招待费等。当期发生的各项管理费用记入借方，月末将借方归集当月的全部管理费用从贷方转出，转入“本年利润”账户借方，该账户月末结转后无余额。

4.“财务费用”账户。财务费用账户是损益类账户，用于记录企业为筹集生产经营资本而付出的各项费用，主要是银行借款利息费用等。当期发生的各项财务费用记入借方；月末将借方归集的全部财务费用从贷方转出，转入“本年利润”账户借方，该账户月末结转后无余额。

5.“销售费用”账户。销售费用账户是损益类账户，用于记录企业为销售产品付出的各项费用，如广告费用、产品运费等。账户借方登记当期发生的各项销售费用；月末将借方归集的全部销售费用从贷方转出，转入“本年利润”账户借方，该账户月末结转后无余额。

6.“应付职工薪酬”账户。应付职工薪酬账户是负债类账户，用于记录企业应付而尚未付给员工的工资、奖金等薪酬。账户贷方登记本月结算的应付职工工资总额，借方登记本月实际支付的工资额，该账户月末一般无余额。一般情况下，车间生产工人的工资费用记入“生产成本”账户；车间管理人员的工资费用记入“制造费用”账户；企业行政管理人员的工资费用记入“管理费用”账户。

7.“产成品”账户。产成品账户是资产类账户，用于记录产成品的增减变动。账户的借方登记已加工完成并验收入库产成品的实际成本；贷方登记因销售等原因出库的产成品的实际成本；余额在借方，表示期末库存产成品的实际成本。该账户按库存商品的品种和规格设置明细账，进行明细分类核算。

8.“累计折旧”账户。累计折旧账户是固定资产账户的抵减账户。固定资产尽管能在长时间使用过程中保持其原有的实物形态，但是其价值则随着每一期间的使用而发生损耗，这种损耗源于产品生产过程中的使用，因此要逐渐地、一部分一部分地转移到费用和产品成本中去。这部分转移的价值即是固定资产折旧费用，每一期间折旧费用的计算形成在会计上称为“计提折旧”。固定资产折旧的发生，表明固定资产的价值因磨损而减少，应记入固定资产账户的贷方，但是，在企业的经济活动中，为了使固定资产账户能始终按原始价值反映固定资产的增减变动和结存情况，对于其因磨损而减少的价值，另行开设“累计折旧”账户来记录。每期计提的折旧额记入累计折旧账户的贷方；借方登记固定资产因出售、毁损、报废等原因减少时应注销的该项固定资产累计提取的折旧额；余额在贷方，表示期末企业现有固定资产已提取折旧的累计额。用固定资产账户的借方余额减去累计折旧账户的贷方余额，即可求得该项固定资产的净值。

固定资产折旧费是生产费用的一个组成部分，每期的折旧费，按固定资产的使用部门来计提，生产车间使用固定资产的折旧费，应当计入制造费用，行政管理部门使用固定资产的折旧费，计入管理费用。

9.“应付利息”账户。应付利息账户是负债类账户，用于记录负担在先而实际支付在以后期间的借款利息费用。负担该项费用时记入贷方，当该项费用支付时记入借方。

三、相关业务与会计分录

【例8-11】1月31日，计算本月应负担的银行借款利息，年利率8%，月利率0.67%，本月利息费用为1 340元。在实际工作中，银行借款利息费用按月负担而按季度与银行结算本季度应付利息，故而每季度的前两个月采用预提的方式计入当月财务费用。所以此项业务使财务费用增加，同时应付利息费用增加，依据利息费用计算表编制会计分录为：

借：财务费用	1 340	
贷：应付利息		1 340

【例8-12】1月31日，以银行存款支付产品生产耗用水电费共计8 000元。这笔经济业务的发生，一方面银行存款减少；另一方面制造费用增加。依据供电、供水部门的水、电费收据编制会计分录如下：

借：制造费用	8 000	
贷：银行存款		8 000

【例8-13】1月31日，经计算本月应提固定资产折旧4 220元，其中，生产用固定资产应提折旧4 000元，公司办公用固定资产应提折旧220元。

这笔经济业务发生，一方面折旧费用增加；另一方面固定资产折旧额增加。生产用固定资产折旧费的增加记入“制造费用”账户的借方；公司用固定资产折旧费的增加记入“管理费用”账户的借方；全部折旧额的增加记入“累计折旧”账户的贷方。依据会计部门自己编制的固定资产折旧计算表编制会计分录如下：

借：制造费用	4 000	
管理费用	220	
贷：累计折旧		4 220

【例8-14】1月31日，根据本月发料凭证汇总表，共耗用胶合板150张，7 500元，其中，课桌耗用80张，4 000元；课椅耗用70张，3 500元；共耗用钢管7 200千克，33 120元，其中，课桌耗用4 000千克，18 400元，课椅耗用3 200千克，14 720元。

这笔经济业务的发生，一方面库存材料减少；另一方产品成本增加。依据企业材料保管部门的发料凭证编制会计分录如下：

借：生产成本——课桌	22 400	
——课椅	18 220	
贷：原材料——钢管		33 120
——木板材		7 500

【例8-15】1月31日，根据本月“工资核算汇总表”，本月应发工资总额为37 000元，其中生产课桌的生产工人工资15 000元，生产课椅的生产工人工资

10 000元，生产车间技术人员工资4 000元，公司管理人员的工资8 000元。

这笔经济业务的发生，一方面应向职工支付的工资增加；另一方面应计入产品成本的人工成本增加、管理费用增加。生产工人工资作为直接生产费用记入“生产成本”账户的借方；车间技术人员的工资作为间接费用记入“制造费用”账户的借方；公司管理人员工资作为期间费用记入“管理费用”账户的借方；应付职工的薪酬尚未支付，是企业负债的增加，记入“应付职工薪酬”账户的贷方。依据人事部门转来的“工资核算汇总表”编制会计分录如下：

借：生产成本——课桌　　15 000
　　　　　——课椅　　10 000
　　制造费用　　4 000
　　管理费用　　8 000
　贷：应付职工薪酬　　37 000

【例8-16】1月31日，从开户银行工商行百汇支行提取库存现金37 000元，准备发放职工工资。

从银行提取库存现金，一方库存现金增加；另一方面银行存款减少。依据库存现金支票存根编制会计分录如下：

借：库存现金　　37 000
　贷：银行存款　　37 000

【例8-17】以库存现金发放职工工资，一方面库存现金减少；另一方面也使公司欠职工的工资性债务减少。其会计分录如下：

借：应付职工薪酬　　37 000
　贷：库存现金　　37 000

【例8-18】1月31日，分摊本月应负担的厂房租金1 000元（36 000元÷36月）。

借：制造费用　　1 000
　贷：长期待摊费用　　1 000

【例8-19】1月31日，将本月发生的制造费用总额分配转入“生产成本”账户。

当企业在同一月份同一生产车间同时加工生产两种或两种以上的产品时，对于本月发生的制造费用，应选用一定的分配标准在所加工生产的各种产品之间进行分配。常用的分配标准有生产工时和生产工人工资。

某产品应负担的制造费用=该产品的分配标准×制造费用分配率

宏明公司采用生产工人的工资比例为标准对制造费用予以分配，其计算过程如下：

$$制造费用分配率=\frac{制造费用总额}{\sum 分配标准}$$

制造费用分配率=17 000÷25 000=0.68（元）

课桌分担的制造费用＝15 000×0.68＝10 200（元）

课椅分担的制造费用＝10 000×0.68＝6 800（元）

根据“制造费用计算分配表”，编制的会计分录如下：

借：生产成本——课桌　　10 200

　　　　　　——课椅　　6 800

　贷：制造费用　　17 000

【例8-20】1月31日，计算并结转期末完工入库的产成品成本。

制造业的产品成本一般由直接材料费用、直接人工费用和制造费用三项构成。直接材料费用和直接人工费用已根据有关的会计凭证直接计入各个产品成本计算单，制造费用期末分配计入各个产品成本计算单。

在月末没有在产品（即未完工产品）的情况下，将该产品成本计算单中按照成本项目所归集和分配的费用加以汇总，就是该种产品的总成本；用总成本除以本月生产的产品数量，得到该种产品的单位成本。如有未完工产品，则全部生产费用要采用一定方法在完工产品和未完工产品之间分配，分配方法，在有关会计专业课中学习。

现以宏明公司本月生产的课桌为例说明产品生产成本的核算。

本月生产课桌椅投产900套全部完工。课桌发生生产费用47 600元，其中：直接材料费用22 400元，直接人工费用15 000元，制造费用10 200元；课椅发生生产费用35 020，其中：直接材料18 220元，直接人工10 000元，制造费用6 800元

结转完工产品成本，一方面企业库存产成品增加，另一方面生产成本减少。库存产成品增加记入“产成品”账户的借方，生产成本减少记入“生产成本”账户的贷方。根据“产品成本计算单”编制会计分录如下：

借：产成品——课桌　　47 600

　　　　　——课椅　　35 020

　贷：生产成本——课桌　　47 600

　　　　　　　——课椅　　35 020

完工产品成本计算单见表8-1和表8-2。

表8-1　　完工产品成本计算单

产品名称：课桌　　数量：900张　　单位：元

成本项目	本月生产费用合计	总成本	单位成本
直接材料	22 400	—	24.89
直接人工	15 000	—	16.67
制造费用	10 200	—	11.33
合计	47 600	47 600	52.89

表8-2

完工产品成本计算单

产品名称：课椅　　数量：1 800把　　单位：元

成本项目	本月生产费用合计	总成本	单位成本
直接材料	18 220	—	10.12
直接人工	10 000	—	5.56
制造费用	6 800	—	3.78
合计	35 020	35 020	19.46

第四节 产品销售核算

一、销售的主要业务

产品销售过程是经济资源增值的实现过程，在这一过程中，企业生产的产品在市场上销售，获得销售收入。在企业销售业务过程中，企业要获得产品销售收入、办理与购买方的货款结算、支付销售费用、缴纳销售税金等。

二、设置、运用的账户

1.“主营业务收入”账户。主营业务收入账户是收入类账户，用于记录企业销售收入的增减变动。产品销售收入的增加记入贷方，月末将贷方记录的当月全部销售收入从借方转出，转入“本年利润”账户贷方，该账户月末结转后无余额。在制造企业该账户应按产品品种设置明细账，进行明细分类核算。

主营业务收入的确认遵循权责发生制原则，即本期实现的销售收入不管款项是否于当期收到均作为本期的销售收入，如赊销要作为销售收入；不是本期实现的销售收入即使在当期收到款项，也不作为当期收入，如预收货款不作为当期收入。

2.“应收账款”账户。应收账款账户是资产类账户，用于记录企业因采用赊销方式销售商品或提供劳务应向当购买方收取的货款。因销售业务而发生的应收货款记入借方；贷方登记已经收回的应收货款；期末余额在借方，表示期末尚未收回的应收货款。该账户按债务单位设置明细账，进行明细分类核算。

3.“预收账款”账户。预收账款账户是负债类账户，用来记录预先向购买方收取的货款。预先收到的货款记入贷方，待商品发出时记入借方，余额在贷方，表示期末尚未发货的预收账款。

4.“主营业务成本”账户。主营业务成本账户是费用类账户，用来记录企业已售产品的生产成本。从“库存商品”账户转入的本期已销售产品的生产成本记入借方；月末将借方归集的当期已售出产品的全部生产成本从贷方转出，转入“本年利润”账户借方，该账户月末结转后无余额。该账户应按产品类别设置明细账，进行明细分类核算。

5.“营业税金及附加”账户。营业税金及附加账户是费用类账户，用来核算因销售产品业务而应负担的各种销售税金（包括营业税、消费税和城市维护建设税等）。按照税法规定计算出的本期应交各种税金记入借方；月末将借方归集的当期全部应交税费从贷方转出，转入“本年利润”账户借方，该账户月末结转后无余额。

三、业务举例

【例8-21】1月5日，以银行存款向红帆广告公司支付广告费2 500元。

广告费用属于销售费用，这笔经济业务的发生，一方面银行存款减少；另一方面企业销售费用增加。依据红帆公司的广告费收据编制会计分录如下：

借：销售费用　　2 500

　贷：银行存款　　2 500

【例8-22】1月7日，以库存现金付给销售业务员王立暂借的差旅费1 800元。

这笔经济业务的发生，一方面库存现金减少；另一方面其他应收款增加。其他应收款是除应收账款以外的其他各种企业应收、暂付的款项，属于资产类账户。依据王立出具的借据编制会计分录如下：

借：其他应收款——王立　　1 800

　贷：库存现金　　1 800

【例8-23】1月10日，王立出差归来，报销差旅费2 000元，扣除原借款1 800元后，差额以库存现金支付。

这笔经济业务的发生，一方面管理费用增加；另一方面库存现金减少和对王立的其他应收款减少。依据王立填报的差旅费报销单编制会计分录如下：

借：管理费用　　2 000

　贷：库存现金　　200

　　　其他应收款——王立　　1 800

如本例中借款大于应报销的款项，则销售业务员应在报销时退回多余库存现金，以结清前暂借差旅费。

【例8-24】1月24日，向平阳学校销售课桌椅400套（1套课桌椅包括1张桌子和2把椅子），单价130元，货已发出，款项已通过银行转账收讫。

这笔经济业务的发生，一方面银行存款增加；另一方面实现产品销售收入增加，依据产品销售发票编制会计分录如下：

借：银行存款　　52 000

　贷：主营业务收入　　52 000

【例8-25】1月27日，向希望中学销售课桌椅，460套，单价130元，价款59 800元。货已发出，款项尚未收到。

这笔经济业务的发生，一方面产品销售收入增加；另一方面公司的应收销货款增加。依据产品销售发票编制会计分录如下：

借：应收账款——希望中学　　59 800

　贷：主营业务收入　　59 800

【例8-26】1月31日，计算并结转本月售出课桌椅的销售成本。

结转已销产品的生产成本，一方面营业成本增加，另一方面库存商品减少。依据“营业成本计算表”编制会计分录如下：

借：主营业务成本　　78 956.60

　贷：库存商品——课桌　　45 485.40

　　　　　　——课椅　　33 471.20

主营业务成本计算表见表8-3。

表8-3　主营业务成本计算表

品名	单位成本	数量	总成本(元)
课桌	52.89元/张	860张	45 485.40
课椅	19.46元/把	1 720把	33 471.20
合计	—	—	78 956.60

第五节 经营成果核算

一、经营成果的构成及其计算

企业的财务成果，是企业收入与费用的差额，就是通常所说的企业的利润或亏损，也称企业的盈亏。企业的收入和利得包括营业收入（主营业务收入和其他业务收入）、投资收益和营业外收入。企业的费用和损失，包括营业成本、营业税金及附加、投资损失、营业外支出和所得税费用等。

企业实现的净利润（所得税后利润）要进行分配。因此，收入与费用的结转、利润实现的确定和分配，构成企业财务成果业务核算的主要内容。

二、利润实现的核算

（一）设置的主要账户

1.“所得税费用”账户。所得税费用账户是费用类账户，用来核算企业本期应缴纳的所得税费用。当期应负担的所得税费用记入借方；然后从贷方转入“本年利润”账户借方，该账户月末结转后无余额。

所得税是以企业的生产经营所得和其他所得为征税对象征收的一种税。企业的经营所得主要是指利润。由于所得税是企业的费用性支出，所以也称为所得税费用。企业所得税通常是按年计算，按季预交，年终汇算清缴，多退少补。按年计算的基本公式如下：

应缴所得税额＝应纳税所得额×适用税率

2.“本年利润”账户。本年利润账户是所有者权益类账户，用来核算企业本年度累计实现净利润或发生亏损情况。期末从各收入账户转入的本期取得的收入记入贷方；借方登记期末从各成本、费用账户转入的本期发生的各项费用；收入总额与费用总额相抵后，如收入大于费用，即贷方余额，表示本期实现的利润；如收入小于费用，则为借方余额，表示企业本期发生的亏损。在年度内，该账户的余额保留在本账户，不予结转，表示截止到本月末本年累计实现的利润或发生的亏损。年末，该账户余额转入“利润分配”账户，该账户结转后无余额。

3.“投资收益”账户。“投资收益”是收入类账户，用来核算企业对外投资取得的收益或发生的损失。取得的投资收益或期末投资净损失的转出数记入贷方；借方登记投资损失和期末投资净收益的转出数。期末结转后该账户应无余额。

4.“营业外收入”账户。营业外收入账户是收入类（利得）账户，用来核算企业获得的与生产经营无直接关系的收入。企业发生的各项营业外收入记入贷方；月末将贷方归集的当月全部营业外收入从借方转出，转入“本年利润”账户贷方，该账户月末结转后无余额。

5.“营业外支出”账户。营业外支出账户是费用类（损失）账户，用来核算企业发生的与生产经营无直接关系的支出。企业发生的各项额外支出记入借方；月末将借方归集的当月全部营业外支出从贷方转出，转入“本年利润”账户借方，该账户月末结转后无余额。

6.“利润分配”账户。利润分配账户是所有者权益类账户，用来核算企业利润的分配（或亏损的弥补）。年末由“本年利润”账户借方转来的当年实现的净利润总额记入贷方。借方登记利润的分配数或年末从“本年利润”账户贷方转来的当年亏损总额；贷方余额表示未分配利润；借方余额则表示未弥补亏损。

7.“应付利润”账户。应付利润账户是负债类账户，用来核算拟向股东分配的利润。应向股东分配的利润数额计入贷方；借方登记实际分配的利润数额。余额在贷方表示，期末企业尚未分配的利润数额。

（二）相关业务与会计分录

【例8-27】1月10日，你的同学王成向公司赞助人民币20 000元，已存入公司的银行账号。此项业务使得营业外收入增加，银行存款增加。会计分录为：

借：银行存款	20 000	
贷：营业外收入		20 000

【例8-28】1月31日，结转本期各损益类账户（除“所得税费用”账户）余额至“本年利润”账户。

（1）结转本期损益收入类账户的发生额至“本年利润”账户的贷方：

借：主营业务收入　　111 800
　　营业外收入　　20 000
　贷：本年利润　　131 800

（2）结转本期损益支出类账户的发生额至“本年利润”账户的借方：

借：本年利润　　93 016.6
　贷：主营业务成本　　78 956.6
　　　销售费用　　2 500
　　　管理费用　　10 220
　　　财务费用　　1 340

通过以上结转，本月发生的全部收入和成本费用都汇集在“本年利润”账户，将收入与成本费用对比，其差额即为本月实现的利润或发生的亏损。根据以上数字计算，本月实现的利润总额为38 783.4元（131 800−93 016.6）。

【例8-29】1月31日，计算并结转本月应交所得税。

本月应交所得税额＝38 783.4×25%＝9 695.85（元）

本例涉及两笔会计分录：

（1）计算出本月应交所得税，一方面使企业的所得税费用增加；另一方面也使企业的应交税费增加。其会计分录如下：

借：所得税费用　　9 695.85
　贷：应交税费——应交所得税　　9 695.85

（2）结转本月所得税费用，即将本月“所得税费用”账户的借方余额转入“本年利润”账户的借方。

借：本年利润　　9 695.85
　贷：所得税费用　　9 695.85

【例8-30】1月31日，用银行存款缴纳本期应交所得税9 695.85元。

这笔业务的发生，一方面使企业的银行存款减少；另一方面应交所得税减少。其会计分录如下：

借：应交税费——应交所得税　　9 695.85
　贷：银行存款　　9 695.85

【例8-31】1月31日，将本年利润结转入“利润分配——未分配利润”账户，核算净利润。

借：本年利润　　29 087.55
　贷：利润分配——未分配利润　　29 087.55

第六节 登记T形账

一、登账

以T形账形式代替总账和明细账。由于2016年1月是宏明公司第一个月度经营期间，因此各总账、明细账期初余额均为零。根据上述经济业务的会计分录（记账凭证）登记相关总账与明细账。

（一）登记总账

根据上述【例8-1】至【例8-30】的会计分录涉及的会计科目开立总账，将上述会计分录登记入账，并结出本月发生额合计数与期末余额数。

银行存款

8-1	400 000	8-3	10 000
8-2	100 000	8-4	36 000
8-24	52 000	8-5	58 000
8-27	20 000	8-6	88 600
		8-9	32 000
		8-12	8 000
		8-16	37 000
		8-21	2 500
		8-30	9 695.85
借方发生额	572 000	贷方发生额	281 795.85
	290 204.15		

实收资本

		8-1	400 000
借方发生额	0	贷方发生额	400 000
			400 000

短期借款

		8-2	100 000
借方发生额	0	贷方发生额	100 000
			100 000

固定资产

8-5	58 000		
8-8	89 600		
借方发生额	147 600	贷方发生额	0
	147 600		

长期待摊费用

8-4	36 000	8-18	1 000
借方发生额	36 000	贷方发生额	1 000
	35 000		

制造费用

8-12	8 000	8-19	17 000
8-13	4 000		
8-15	4 000		
8-18	1 000		
借方发生额	17 000	贷方发生额	17 000
	0		

累计折旧

		8-13	4 220
借方发生额	0	贷方发生额	4 220
			4 220

在建工程

8-6	88 600	8-8	89 600
8-7	1 000		
借方发生额	89 600	贷方发生额	89 600
	0		

库存现金

8-3	10 000	8-7	1 000
8-16	37 000	8-17	37 000
		8-22	1 800
		8-23	200
借方发生额	47 000	贷方发生额	40 000
	7 000		

原材料

8-9	32 000	8-14	40 620
8-10	46 000		
借方发生额	78 000	贷方发生额	40 620
	37 380		

生产成本

8-14	40 620	8-20	82 620
8-15	25 000		
8-19	17 000		
借方发生额	82 620	贷方发生额	82 620
	0		

库存商品

8-20	82 620	8-26	78 956.60
借方发生额	82 620	贷方发生额	78 956.60
	3 663.40		

应付账款

		8-10	46 000
借方发生额	0	贷方发生额	46 000
			46 000

应付利息

		8-11	1 340
借方发生额	0	贷方发生额	1 340
			1 340

应付职工薪酬

8-17	37 000	8-15	37 000
借方发生额	37 000	贷方发生额	37 000
			0

其他应收款

8-22	1 800	8-23	1 800
借方发生额	1 800	贷方发生额	1 800
	0		

销售费用

8-21	2 500	8-28	2 500
借方发生额	2 500	贷方发生额	2 500
	0		

管理费用

8-13	220	8-28	10 220
8-15	8 000		
8-23	2 000		
借方发生额	10 220	贷方发生额	10 220
	0		

财务费用

8-11	1 340	8-28	1 340
借方发生额	1 340	贷方发生额	1 340
	0		

应收账款

8-25	59 800		
借方发生额	59 800	贷方发生额	0
	59 800		

营业外收入

8-28	111 800	8-24	52 000
		8-25	59 800
借方发生额	111 800	贷方发生额	111 800
			0

所得税费用

8-26	78 956.60	8-28	78 956.60
借方发生额	78 956.60	贷方发生额	78 956.60
	0		

营业外收入

8-28	20 000	8-27	20 000
借方发生额	20 000	贷方发生额	20 000
			0

所得税费用

8-29	9 695.85	8-29	9 695.85
借方发生额	9 695.85	贷方发生额	9 695.85
	0		

本年利润

8-28	93 016.60	8-28	131 800
8-29	9 695.85		
8-31	29 087.55		
借方发生额	131 800	贷方发生额	131 800
			0

利润分配

		8-31	29 087.55
借方发生额	0	贷方发生额	29 087.55
			29 087.55

应交税费

8-30	9 695.85	8-29	9 695.85
借方发生额	9 695.85	贷方发生额	9 695.85
			0

（二）登记明细账

实收资本——李明

		8-1	300 000
借方发生额	0	贷方发生额	300 000
			300 000

实收资本——本人

		8-1	100 000
借方发生额	0	贷方发生额	100 000
			100 000

原材料——胶合板

8-9	9 000	8-14	7 500
借方发生额	9 000	贷方发生额	7 500
	1 500		

原材料——钢管

8-9	23 000	8-14	33 120
8-10	46 000		
借方发生额	69 000	贷方发生额	33 120
	35 880		

生产成本——课桌

8-14	22 400	8-20	47 600
8-15	15 000		
8-19	10 200		
借方发生额	47 600	贷方发生额	47 600
	0		

生产成本——课椅

8-14	18 220	8-20	35 020
8-15	10 000		
8-19	6 800		
借方发生额	35 020	贷方发生额	35 020
	0		

库存商品——课桌

8-20	47 600	8-26	45 485.40
借方发生额	47 600	贷方发生额	45 485.40
	2 114.60		

库存商品——课椅

8-20	35 020	8-26	33 471.20
借方发生额	35 020	贷方发生额	33 471.20
	1 548.80		

二、编制试算平衡表

在借贷记账法，试算平衡的基本公式是：

（1）全部账户的借方期初余额合计数=全部账户的贷方期初余额合计数；

（2）全部账户的借方发生额合计=全部账户的贷方发生额合计；

（3）全部账户的借方期末余额合计=全部账户的贷方期末余额合计。

发生额平衡是指一定时期全部账户借方发生额合计等于该时期内全部账户贷方发生额合计。这是由有借必有贷，借贷必相等的记账规则决定的。对于某个会计期间内发生的每一项经济业务，在记入一个账户借方或贷方的同时必然记入另一个账户的贷方或借方，而且金额相等。

余额平衡是指任意会计期末全部账户借方余额合计等于该期末全部账户贷方余额合计。这是由会计恒等式决定的。

通过试算平衡表来检查账簿记录是否正确，一般情况下是可行的，但这并不意味着绝对正确。从某种意义上讲，如果借贷不平衡，就可以肯定账户的记录或者是计算有错误；但是如果借贷平衡，我们也不能肯定账户记录没有错误，因为有些错误根本不影响借贷双方的平衡关系。如漏记、重记、记账方向颠倒和用错会计科目的情况，均不能通过试算平衡被发现。

下面我们将对上述总分类账的本期发生额和期末余额进行试算平衡。宏明公司总分类账发生额及余额试算平衡表见表8-4。

表8-4　　宏明公司总分类账发生额及余额试算平衡表

2016年1月31日　　单位：元

账户名称	本期发生额		期末余额	
	借方	贷方	借方	贷方
银行存款	572 000	281 795.85	290 204.15	
实收资本	0	400 000		400 000
短期借款	0	100 000		100 000
固定资产	147 600	0	147 600	
长期待摊费用	36 000	1 000	35 000	
制造费用	17 000	17 000	0	
累计折旧	0	4 220		4 220

续表

账户名称	本期发生额		期末余额	
	借方	贷方	借方	贷方
在建工程	89 600	89 600	0	
库存现金	47 000	40 000	7 000	
原材料	78 000	40 620	37 380	
应付账款	0	46 000		46 000
销售费用	2 500	2 500	0	
管理费用	10 220	10 220	0	
财务费用	1 340	1 340	0	
应付利息	0	1 340		1 340
应付职工薪酬	37 000	37 000		0
生产成本	82 620	82 620	0	
库存商品	82 620	78 956.60	3 663.40	
其他应收款	1 800	1 800	0	
应收账款	59 800	0	59 800	
应交税费	9 695.85	9 695.85		0
主营业务收入	111 800	111 800		0
主营业务成本	78 956.60	78 956.60	0	
营业外收入	20 000	20 000		0
所得税费用	9 695.85	9 695.85	0	
本年利润	131 800	131 800		0
利润分配	0	29 087.55		29 087.55
合计	1 627 048.30	1 627 048.30	580 647.55	580 647.55

根据宏明公司总分类账发生额及余额试算平衡表，所有账户2016年1月借方发生额合计数1 627 048.30元，等于贷方发生额合计数1 627 048.30元，发生额试算平衡；所有账户2016年1月31日的期末借方余额合计数580 647.55元，等于贷方余额合计数580 647.55元，期末余额试算平衡。可以依据上述总分类账编制会计报表。

第七节 编制会计报表

一、资产负债表

根据各账户（资产、负债、所有者权益类账户）的科目余额表，按照下列规则填列各报表项目：

1. 根据总账科目的期末余额填列。资产负债表中的有些项目根据总账科目余额直接填列，如“短期借款”“应付票据”“应付职工薪酬”等。有些项目根据几个总账科目的余额计算填列，如货币资金项目根据“库存现金”“银行存款”“其他货币资金”三个总账科目余额加总填列。

2. 根据有关明细科目的期末余额计算填列。如应付账款项目根据“应付账款”和“预付账款”两科目所属各有关明细科目的期末贷方余额合计填列；应收账款项目根据“应收账款”和“预收账款”两科目所属各有关明细科目的期末借方余额合计填列。

3. 根据有关总账科目和明细科目的期末余额分析计算填列。如长期借款项目，根据“长期借款”总账科目余额扣除“长期借款”科目所属明细科目中将在一年内到期的金额计算填列。

4. 根据有关科目余额减去其备抵科目余额后的净额填列。如应收账款项目根据“应收账款”和“预收账款”两科目所属各有关明细科目的期末借方余额合计，减去“坏账准备”科目中有关应收账款计提的坏账准备期末余额后的金额填列；固定资产项目根据固定资产科目的期末余额减去“累计折旧”和“固定资产减值准备”科目期末余额后的金额填列。

5. 根据有关账户的期末余额进行分析后填列。如存货项目根据“物资采购”“原材料”“低值易耗品”“自制半成品”“库存商品”“包装物”“分期收款发出商品”“委托加工物资”“委托代销商品”“受托代销商品”“生产成本”等科目的期末余额合计，减去“代销商品款”“存货跌价准备”科目期末余额后的金额（材料采用计划成本核算，以及库存商品采用计划成本或售价核算的企业，还应按加或减“材料成本差异”“商品进销差价”后的金额）填列。

资产负债表见表8-5。

二、利润表

根据各账户（收入、费用）的本期发生额，按照下列规则填列利润表各项目：

1. 根据有关总账科目的本期发生额分析填列。

利润表大多数项目的填列都是采用这种方法，如：营业收入、营业成本、营业税金及附加、销售费用、管理费用、财务费用、资产减值损失、营业外收入、营业外支出、所得税费用。通常，收入类项目根据各该科目的贷方发生额填列，费用类项目根据各该科目的借方发生额填列。

表8-5　　　　　　　　　　　　**资产负债表**

编制单位：宏明公司　　　　填表日期：2015年1月31日　　　　单位：元

资　产	期末余额	年初余额	负债和所有者权益（或股东权益）	期末余额	年初余额
流动资产：			流动负债：		
货币资金	297 204.15		短期借款	100 000	
以公允价值计量且其变动计入当期损益的金融资产			以公允价值计量且其变动计入当期损益的金融负债		
应收票据			应付票据		
应收账款	59 800		应付账款	46 000	
预付款项			预收款项		
应收利息			应付职工薪酬		
应收股利			应交税费		
其他应收款			应付利息	1 340	
存货	41 043.40		应付股利		
其中：消耗性生物资产			其他应付款		
一年内到期的非流动资产			一年内到期的非流动负债		
其他流动资产			其他流动负债		
流动资产合计	398 047.55		流动负债合计	147 340	
非流动资产：			非流动负债：		
可供出售金融资产			长期借款		
持有至到期投资			应付债券		
长期应收账			长期应付款		
长期股权投资			专项应付款		
投资性房地产			预计负债		
固定资产	143 380		递延收益		
在建工程			递延所得税负债		
工程物资			其他非流动负债		
固定资产清理			非流动负债合计		
生产性生物资产			负债合计		
油气资产			所有者权益（或股东权益）：		
无形资产			实收资本（或股本）	400 000	
开发支出			资本公积		
商誉			减：库存股		
长期待摊费用	35 000		其他综合收益		
递延所得税资产			盈余公积		
其他非流动资产			未分配利润	29 087.55	
非流动资产合计	178 380		所有者权益（或股东权益）合计	429 087.55	
资产总计	576 427.55		负债和所有者权益（或股东权益）总计	576 427.55	

单位负责人：　　　　财务负责人：　　　　复核：　　　　制表：

2.根据表内项目加减填列。

这类项目具体包括：营业利润、利润总额、净利润。

利润表见表8-6。

表8-6 利润表

编制单位：宏明公司 2016年1月 单位：元

项　目	本月金额	本年累计数
一、营业收入	111 800	
减：营业成本	78 956.60	
营业税金及附加		
销售费用	2 500	
管理费用	10 220	
财务费用	1 340	
资产减值损失		
加：公允价值变动收益（损失以“-”号填列）		
投资收益（损失以“-”号填列）		
其中：对联营企业和合营企业的投资收益		
二、营业利润（亏损以“-”号填列）	18 783.40	
加：营业外收入	20 000	
减：营业外支出		
其中：非流动资产处置损失		
三、利润总额（亏损总额以“-”号填列）	38 783.40	
减：所得税费用	9 695.85	
四、净利润（净亏损以“-”号填列）	29 087.55	
五、其他综合收益的税后净额		
（一）以后不能重分类进损益的其他综合收益		
（二）以后将重分类进损益的其他综合收益		
权益法下在被投资单位以后将重分类进损益的其他综合收益中享有的份额		
六、综合收益总额		
七、每股收益		
（一）基本每股收益		
（二）稀释每股收益		

三、资产负债表和利润表所反映的信息

根据宏明公司2016年1月31日的资产负债表的数据，投资者、债权人等会计信息使用者可以了解该公司财务状况信息。2016年1月31日，宏明公司拥有资产576 427.55元，其中，流动资产398 047.55元，非流动资产178 380元；宏明公司拥

有或控制的资产中，有147 340元是负债，有429 087.55元是所有者权益。在所有者权益中，400 000元是投资者在公司创立时投入的资本金，29 087.55元是宏明公司2016年1月份经营赚得的留存收益。因此，通过资产负债表不但可以掌握公司的财务状况信息，也可以了解公司经营成果的总体信息。

根据宏明公司2016年1月份的利润表，投资者、债权人等会计信息使用者可以了解该公司1月份详细的经营成果信息，包括收入的水平和趋势，各项成本费用的耗费水平和趋势，向国家缴纳的税金等信息。这些信息有助于投资者预测公司未来的盈利能力和现金流量，有助于公司内部管理者进行成本控制和绩效评价。

至此，同学们就了解了会计核算的基本方法：会计是根据企业发生的客观经济活动，取得或填制原始凭证，根据审核无误的原始凭证编制记账凭证，然后根据原始凭证、记账凭证登记总分类账和明细分类账，会计账簿经过财产清查和试算平衡，最后编制会计报表。同学们必须注意：学好会计，首先要理解交易，因为会计无非就是对客观交易活动的量化表述；学好会计，还要熟练掌握复式记账原理，因为会计用借贷记账法作为“语言”来表述交易；学好会计，还要理解权责发生制的会计基础，因为会计上确认收入与费用，即损益，是采用权责发生制的，这与我们日常认知习惯中的“收付实现制”有区别。

参考答案

第一章

1.什么是会计，会计能做什么？

会计是对企业经济活动的记录与计量活动。人们通过企业进行经济活动或称经营活动的目的是获利。获利从数量上说是经营活动所获得的收入大于为获得这些收入而付出成本的差，而经营活动的实际结果是否如此，则需要对投资人投入企业的经济资源和运用经济资源的经营活动中获得的收入和付出的成本加以记录和计量。会计就来承担这一任务。会计以货币为标准或尺度，对企业取得的经济资源和在运用这些经济资源过程中取得的收入和发生的成本分别记录，确定其各自的数量，特别是确定一定时期企业的收入是多少、成本是多少，然后将两者进行数量的比较，进而确定企业经营活动的最终结果是获利还是亏损。会计还要将这些信息提供给会计信息的需求者。

2.会计的产生与发展过程说明会计与经济活动是何种关系？

会计的产生于发展过程说明会计是伴随社会经济活动而产生、又伴随社会经济活动的发展而发展的。

会计是人类社会发展到一定阶段应管理生活资料生产和分配的需要而产生的。如原始的记录与计量行为的产生。

由于社会经济发展，经济活动在不断地发展、变化，会计作为对经济活动进行数量记录的方法，必须适应经济活动发展、变化的要求不断地改进、创新，发展自己，否则会计的生命就完结了。会计的发展从原始的刻迹记事、结绳记事到单式簿记、复式簿记，到成本会计、管理会计等均说明会计是伴随经济发展而发展的。

如机器工业的产生使产品的生产活动完全不同于手工加工。机器在产品生产过程中发挥着重要的作用，而且能长期为产品制造服务。价值昂贵的机器设备的价值转移；产品从一个生产环节转向另一个生产环节过渡，都需要仔细地进行记录；不同时期的产品成本也要进行比较。原有的会计方法显然不能满足对这些新的经济活动进行记录、计量的需要，导致成本计算方法产生，以便来记录和计量生产阶段经济资源的消耗，从而确定产品生产成本的形成。

第二章

1.什么是企业经济活动，会计为什么要记录经济活动？

企业的经济活动即是企业的生产经营活动。企业从事的生产经营活动是将人们投入的不同形式的经济资源（货币、设备、土地使用权、人力资源等）在企业内部按照生产既定产品的需要而统一配置、运用，制造出满足社会需求的产品，再将以产品形式存在的经济资源在市场上销售换回更多的以货币形式存在的经济资源，实现经济资源的增值，从而达到谋利的目的。生产经营活动具体分为筹资、采购、生产和销售等阶段。筹资阶段，投资人向企业投入经济资源，这是企业从事生产经营活动的物质条件，也是利益分配的基础。会计要清楚的记录企业所拥有经济资源的总量是多少，在不同所有者各自名下有多少，为经营活动中经济资源的使用和经营期末的利益分配提供相关数据基础。在采购阶段，货币要转换为设备、材料等。会计要记录转换的量，为计量成本提供依据。在生产阶段，要完成材料向产品的转换，要发生材料消耗、设备磨损、劳动投入等各种成本、费用。会计要记录这些成本、费用，进而确定当期的经营费用。在销售阶段，企业售出产品，取得经营收入，会计要记录经营收入的量。如此，收入、费用记录清楚、便可确定利润，投入的经济资源记录清楚，便可进行利润分配。

2.会计要素是如何确定的？

会计要素是会计要记录计量的客体，即会计要记录与计量的是什么。会计要记录计量的是企业经济活动中经济资源信息且主要是其价值信息。

会计要素是构成会计对象的不同组成部分。会计要记录与计量会计信息需求者关注的企业拥有和控制的经济资源的多少；经济资源所有权归属；经济资源的增值多少等信息，这些信息构成了会计对象的不同要素。

（1）企业拥有和控制经济资源与其所有权归属信息

企业拥有和控制的经济资源，不管其实物形式是什么都是投资人投入用来谋利的本钱，能够带来更多的、不断的经济资源的流入。资源即是利益，经济资源流入企业也是经济利益流入企业。会计上将企业拥有和控制的经济资源实体界定为“资产”。如，库存现金、原材料、机器设备等。

投资人向企业投资，拥有企业资产的所有权，包括其对投入企业经济资源的权利和增值经济资源的权利。他们凭借这一权利的大小来分得企业的利益。会计上将企业拥有和控制经济资源的所有权归属界定为“权益”。

如果是投资人投入的资源，其所有权归属于作为投资人的所有者，此部分经济资源的所有权归属在会计上称为“所有者权益”。

经济资源如果是借入的，形成企业的债务，此部分经济资源的所有权归属于债权人，是债权人权益，但是在会计上习惯将债权人权益称为“负债”。

（2）经济资源增值信息

在制造业中，经济资源的增值是通过材料向产品的实体转换再将增值产品售出实现的。在这个过程中投入材料、人工、动力等的价值则为产品所吸收构成产品价值。在经营过程中企业还要发生广告费用、利息费用等。企业销售的产品、以库存现金支付的各种费用是经济资源的付出，是经济资源增值的代价。售出产品收取货款，经济资源流回。企业在经营过程中经济资源付出量与流回量的差额即是其增值额。

会计上将因产品售出、费用支付而流出的经济资源界定为“费用”。因产品售出收取货款而流入的经济资源界定为“收入”。费用为取得收入而发生，收入因付出费用而换取，收入和费用两者相抵是经营活动的成果。会计上将收入和费用相抵的结果界定为“利润”。

3.如何理解会计等式的平衡？

会计等式的平衡决定于其记录的对象。会计记录的对象——经济活动，即是交易，交易是等价交换，交易的结果导致经济资源的变化本身是平衡的、等量的，会计仅仅是对经济活动导致经济资源价值量变化的记录和再现，所以记录的结果自然是平衡的。

企业的经济活动虽然多种多样，但是就经济活动所引起经济资源的数量变动原因即影响会计等式平衡关系情况而言，只有四种情况，即经济资源进入企业；经济资源退出企业；经济资源在企业内部的配置与运用；经济资源增值。

（1）经济资源进入企业

当企业接受投资或借款使经济资源进入企业时，企业拥有、控制的经济资源总量增加，资产和权益要素作为同一经济资源的两个方面会同时增加，即会计等式两边同时等量增加，不影响等式的平衡。

（2）经济资源退出企业

当经济资源退出企业时，企业占有经济资源的总量减少，资产和权益两要素作为同一经济资源的两个方面又会同时减少，即会计等式两边等量减少，不影响等式的平衡。

（3）经济资源在企业内部的配置与运用

当经济资源进入企业后，要按照经营活动的要求使用与配置、转移与耗费，反映资产不同实体形态在空间上的并存性和时间上的继起性特征。在空间上，各种形态资产同时存在，在时间上各种形态资产又不断更迭，此增彼减：从货币到材料；从材料到在产品；从在产品到产成品，依次过渡。这种变化改变的是资产的内部结构，变化的结果是一种资产减少，另一种资产等量增加，而资产总量没有变化，等式一边的一个具体项目的增加，另一个具体项目的减少。会计等式两边的平衡不会打破。

（4）经济资源增值

企业售出产品，包括两个环节：产品实体转移和货款收回。产品实体减少，经济资源流出企业，资产减少，转为费用，费用等量增加，会计等式一边的资产减少而费用等量增加，不会影响会计等式平衡。货款的收回，库存现金增加，经济资源流入企业，资产增加形成收入，收入等量增加，会计等式两边等量增加，不影响会计等式的平衡。

因此，企业不论发生何种经济活动，不外乎引起经济资源两方面资产和权益等量增加、等量减少、资产自身的等量此增彼减的变化，自然不会破坏会计等式的平衡性。

4.会计为什么要以货币为计量标准?

货币作为一般等价物具有价值尺度的功能，因此可以作为任何经济资源价值的计量尺度。

会计以货币为计量尺度，根据各种经济资源的价格，记录在企业经济活动中所投入、运用和耗费的各种经济资源的价值量。货币使不同经济资源价值量具有同质性， 会计便可统一用货币量描述、记录经济活动所导致的各种不同经济资源的价值数量变动。因此会计是以货币计量为主，辅之以其他两种计量尺度，而货币计量是会计的基本特征，通过货币计量，才能达到会计记录与计量的目的。

如经济资源的实体变化：

货币→材料等→产品→货币

只能反映经济资源实体形式的变化过程，无法表明其量的变化过程。

而用货币计量：

货币（量）→材料、动力、人力等的货币量→产品耗费的货币量→产品销售收入的货币量。

5.为什么要设置会计科目?

会计科目是构成各会计要素的具体项目。每一会计要素都由不同的具体项目构成，不同的具体项目的性质和在企业经济活动中的作用均不相同。如资产中，库存现金、原材料、机器设备各自的特性和在经济活动中的作用都不同。按照这些具体项目记录并提供相关信息，可以使管理者了解不同资产各自的状况，以便更有效地加以运用和管理；可以使投资人、债权人了解资产的结构，借以分析资产质量、分析企业的偿债能力等。如机器设备作为劳动手段用于加工产品，且使用寿命较长，可在多个生产周期中为产品生产活动服务，将其与其他资产分离，作为单独的一个资产项目加以记录，才能正确计量描述它的磨损、耗费的价值。再如，企业的运行需要大量的库存现金，没有足够的库存现金，经营活动会停滞。因而管理者、投资人更多关注企业的库存现金量，会计必须提供库存现金的存量、流量等信息。管理者和债权人都关注企业的债务状况，所以负债，不仅要划分长期负债、短期负债，更要记录清楚企业都欠谁的债。据此，管理者便于及时筹集钱款还债，便于债权人了解企业的债务结构，结合偿债能力，分析自己债权的安全性（如果企业的债务过多，就可能导致无力偿还的债务危机，损害债权人利益）等，所以负债要按债权人细分，会计分别记录与反映。

第三章

1.如何理解账户、账簿、会计科目三者的关系？

账户是在账簿中划定特定的空间，规定该空间记录特定会计科目的内容，表明此空间内只记录涉及该会计科目的经济业务，从而实现对经济活动详细的分类记录。

账簿、账户与会计科目三者的关系如同中药店中用来装药的柜子、格子和药之间的关系。中药有多种，有白芍、地黄、当归等。会计科目有原材料、库存现金、银行存款等。药店中有装各种中药的大柜子，大柜子有许多的小格子。一本账簿则由许多一张一张的格式相同的账页组成。装药的大柜子中的每个小格子都贴有药名，按药名盛装该种中药。账簿中则以会计科目作为名称设置账户，该账户专门记载涉及该会计科目的业务内容。如以库存现金科目为名称设置库存现金账户，专门用于记录库存现金的增减变动。

2.如何理解复式记账原理？

复式记账原理是对经济业务为什么进行复式记账的解释。会计之所以采用复式记账方法，其原因在于经济业务发生所导致的经济资源的变化是双重的。如商品交易表现为不同经济形式资源的流入和流出。流出经济资源的目的在于获得流入，流出资源的价值量要记录，流入资源的价值量也要记录，才能反映为流入经济资源而付出的代价，并说明流入的前提和原因，记录交易的完整内容。如用银行存款购入原材料，原材料增加、银行存款减少是双重的、等量的。

如，资本交易表现为经济资源进入企业，企业可运用的经济资源流入，但企业并没有经济资源流出，取得的是经济资源的使用权、支配权，其所有权归属债权人和投资人。对企业而言，是资产和投资人对企业资产的所有权等量增加，故而要记录资产增加价值量的同时，将与资产等量的资产所有权价值量记于投资人的名下，才能反映资本交易的完整内容。

所以，交易本身对于交易的一方而言导致经济资源的双重变化，要么是经济资源不同实物的此增彼减，要么是经济资源与其所有权的同时增减。会计要如实反映企业经济业务的完整内容、反映经济资源价值量的双重变化即是所谓复式记账的原本道理所在。

3.借贷记账法的借与贷的平衡体现了什么？

借贷记账法的借与贷的平衡体现的是经济业务所引起的经济资源量的变化规律。经济资源量的变化规律是“平衡”。如前述，企业的经济业务虽然多种多样，但概括起来为四种情况，即经济资源进入企业；经济资源退出企业；经济资源在企业的配置与运用；经济资源增值。

（1）经济资源进入企业，资产和所有者权益同时等量增加；

（2）经济资源退出企业，资产和所有者权益同时等量减少；

（3）经济资源在企业的配置、消耗则是不同资产等量的此增彼减。

（4）经济资源增值是资产与费用等量此增彼减和资产与收入等量同时增加。

所以借贷平衡反映的是经济资源数量变化的相等关系。

4.如何理解会计的确认、计量与初步记录?

会计系统要记录和描述经济业务，当经济业务交易事项发生时，要确定记什么账户，记录该账户的借方还是贷方，记录的金额是多少。需要对经济业务进行定性和定量两方面分析。

（1）确认

确认是当记录企业经济业务的原始凭证提交会计人员时，会计人员首先对原始凭证记录的经济业务进行分析，确定其能否进入会计系统；其次，分析、认定经济业务应计入哪些会计要素中的哪些会计科目，如，是资产要素还是权益要素或收入费用要素。如是资产要素，是其中的库存现金科目还是银行存款科目，是原材料科目还是产成品科目等，并确定涉及这些要素中具体会计科目是增加了还是减少了，因为资产类科目的增加记该账户“借方”、减少记“贷方”，而权益类科目则相反。

（2）计量

计量是计算确定经济业务所导致相关科目的金额变化，即增加了多少、减少了多少，便于记录金额。

（3）初步记录

初步记录即是编制会计分录，通过编制会计分录为登记账簿指明经济业务应记入的账户名称、登记方向和登记金额。会计分录是记账的依据。

第四章

1.会计前提有何作用?

作为会计对象的企业经济活动所处的空间和时间环境复杂多变，导致企业的经济活动呈现着多样性、多变性和诸多不确定性。例如，企业在激烈的市场竞争中可能取胜，获得生存和发展，得以长期经营下去；也可能在竞争中失败，难以继续经营而破产或者因某种原因终止经营。再如，企业销售商品，商品还没有交付，购买方已经将货款汇入企业账户，企业是现在作为销售收入入账，还是等到商品交付购买方时再作为销售收入入账？这些情况如果没用先行的限定和处理方式的预设，各个企业自行其事，提供的会计信息会不统一、不一致，就谈不到会计信息的可比性、有用性，会计信息的需求者就难以根据这样的信息做出正确的决策。所以，要从空间和时间两个方面规定必要的前提并依据这些前提对某些具体情况预设处理的规则与方法，以便会计人员依据这些前提和预设的规则、方法对企业发生的经济活动进行确认和计量，以应对企业经济活动的多样性、多变性和诸多不确定性的状况，保证会计信息的质量。

2.持续经营与会计分期的联系是什么?

会计分期是持续经营前提的必然结果。持续经营假设把企业作为长期存在的经济主体，在正常情况下其生产经营过程不会中断或终止。企业所有者、债权人以及企业管理层等信息使用者不可能等到企业真的“终了”时，再了解企业的会计信息。他们需要尽可能“及时”了解企业的会计信息，以便做出及时的决策。因此，为了及时提供会计信息，会计上需要将企业持续的经营活动人为地划分为一个个等长的时间段落（如1年、半年、1个季度、1个月等），依照人为划分的时间区间来进行会计计量、记录并定期报告会计信息。

3.如何理解权责发生制？

权责发生制也称为“应计制”，是以取得收取货款的权利和发生费用支付责任为标准确定收入与费用归属期间的原则。按权责发生制要求，企业在确定收入归属期间时，以企业收取货款的“权利”取得为标志来确认收入，在哪一期间取得收取货款的权利就要将收入归属于哪一期间，而不管货款是否实际收到。同时，应当以企业承担支付费用的“责任”发生的时间来确认费用的归属期间，而不论其款项是否已经支付。

企业收取货款权利的取得，一般以所售商品的实体或所有权证已转移给购买方为基本条件。企业支付费用责任的发生，一般以该费用是否为获得当期收入而发生为原则。

第五章

1.会计为什么要利用不同的会计信息载体？

会计对经济活动的记录，就是从会计凭证对这些具体的经济业务和会计要素具体项目价值量变动的记录开始。

会计凭证用于记录企业发生的每一项经济业务，即企业每发生一项经济业务都要填制或者取得会计凭证。通过取得或填制会计凭证，把大量的、不同的、分散的经济业务一项一项全部记录清楚，为进一步的分类记录和最终的汇总记录奠定基础。

账簿用于按会计要素的具体项目即会计科目记录企业发生的经济业务。账簿以会计科目为名称在其中开设账户，按照会计科目分类记录企业经济业务发生所引起的会计要素具体项目的增减变动和结余情况。如材料账户，记录一定时期材料的增加、减少和结存情况。

在企业经济活动中，同一会计要素的不同项目都具有不同的性质和不同的作用，其由于经济业务引起变动的状况需要分别独立地记录、反映。如，资产中还有多少库存现金可供动用、有多少产品没有销售出去，某种材料的库存量还有多少等，都被分别记录于库存现金、产成品和材料账户，这样企业管理者才能通过这些账户了解、得到上述信息，以便于他们做出正确的决策。所以账簿是更为重要的信息载体，可为企业管理层提供有用的分类信息。

会计报表是对企业经济业务的汇总记录，即主要将特定日期或者一定时期内各个账户记录的数据，汇总编入其中，向会计信息的使用者提供他们所需要的、总括的、全面的会计信息。如，通过利润表向会计信息的需求者提供企业盈利方面的信息（经营成果），通过资产负债表提供企业资产状况的信息（财务状况）等。会计报表是汇总、集中反映企业财务状况信息、盈利情况信息的载体。通常会计报表也是向企业外部的会计信息需求者提供信息的方式。通过各类会计报表可以使他们了解一定时期企业的经济活动状况和结果。

2.原始凭证与记账凭证有何不同？

原始凭证与记账凭证的基本功能不同。

原始凭证的功能是：

（1）记录经济业务内容。会计凭证记录了企业经济业务涉及的对象、时间、参与方等信息，通过原始凭证可了解经济业务的基本内容。

（2）证明经济业务已经发生。企业的各种经济业务是否真的发生了，空口无凭，要通过有关的原始凭证来证明其发生。

（3）明确经济业务的经济责任。企业发生的各种经济业务的经办人、责任人要通过原始凭证来明确，一旦原始凭证所记录的经济业务出现错误或舞弊，便于确定责任人。

（4）提供记账依据。有了原始凭证，会计人员才可据以进行相应的会计处理。

记账凭证的功能是：

（1）完成经济活动信息向会计信息的转换。原始凭证来自不同的来源，记录不同的经济业务，种类繁多，数量庞大，格式不一，不能直接清楚地表明其应记入账户的名称和方向。直接根据原始凭证记账容易发生错误，所以在记账前，一般要先根据原始凭证编制记账凭证，实现经济信息向会计信息的转换。

（2）登记账簿的依据。在记账凭证中，要根据原始凭证记录载明已经发生经济业务应记入的账户名称、登记的借贷方向以及应记录的金额等，便于会计人员据以登记账簿。

第六章

1.账户与账簿有何不同？

会计账簿是具由一定格式的若干账页所组成用以分类记录经济业务的会计信息载体。

企业发生的经济业务需要按会计科目来分类记录与反映，账簿即是这种分类记录的载体。账簿通过在其中分别按会计科目开设户头来实现对经济业务的分类记录。

账户的作用主要是系统提供会计信息。

如第一章所述，在企业的生产经营过程中，不同的经济资源按照自己的方式在为经营目标的实现运动着。机器设备发挥着劳动手段的作用；原材料经过加工构成产品实体；工人运用劳动技能，借助机器设备对原材料进行加工、制成产品；管理者指挥、协调生产经营活动的运行。所以会计记录的对象是一个系统过程。会计要把企业生产经营活动的系统过程加以再现、记录，自身也必须是一个系统。会计的系统性体现于其按照会计科目设置完整的账户体系。虽然会计不能像照相机一样如实再现被拍摄的场景，但是亦要反映、再现企业经济活动的过程和全貌。如，产品生产耗用的原材料有多个品种，每个品种的价格不同，在产品生产中消耗的数量也不同，如果不分别记录和反映，就难以反映其量的变化情况，进而提供有用的信息。所以在会计的总系统中要为其建立一个子系统来记录，如要设总的材料账户，反映材料总的增减变化，还要按材料的不同品种分别设明细账户反映每一种材料的增减变化，便于为每种材料的使用和管理提供详细信息。会计的系统性就是由账户系统体现的。

2.如何理解账户的结构与用途？

账户的用途是指账户可提供的满足会计信息使用者需要的信息、数据。如库存现金账户用于记录库存现金的增减变动，累计折旧账户用于记录固定资产转移价值。

账户的结构是指就一个特定账户而言，即该账户的借方记录什么、贷方记录什么，余额提供什么信息。如第三章所述，借贷记账法的账页基本格式是两个方位，一个为“借方”，另一个为“贷方”。一般而言，一个方位记录增加、一个方位记录减少，账页的借方和贷方是记录内容相对的记账方位，而不是固定借方记录增加、贷方记录减少，或者相反。而哪个方位记录增加、哪个方位记录减少是由在账簿中的特定账户性质决定的。即如果一个账户的借方记录增加，其贷方便记录减少；一个账户的贷方记录增加，其借方便记录减少。如库存现金账户的结构就是借方记录库存现金的增加，贷方则记录库存现金的减少；银行借款账户的贷方记录增加则借方记录减少。

3.平行登记的要点是什么？

明细分类账与总分类账平行登记的要点如下：

对每一笔经济业务的基本内容而言，

（1）登记的内容相同，既要记入有关的明细分类账户，又要记入其所归属总分类账户；

（2）登记的方向一致，即明细分类账户记在借方，总分类账户也要登记在借方；明细分类账户记在贷方，总分类账户也要记在贷方；

（3）登记的金额相等，记入总分类账户的金额，必须与记入明细分类账户的金额相等，即一定时期总分类账户记录的金额与其所属明细分类账户的金额之和相等。

4.结账与对账有何意义？

结账是在把本期内所发生的经济业务全部登记入账的基础上，结算出每个账户本期借、贷方发生额合计和期末余额。

在会计期末，企业要通过结账将账簿中平时记录的各类经济业务进行汇总，进而编制会计报表，确定本期的经营成果和期末财务状况并及时将本期相关的会计信息传递给信息使用者。

对账是相关账户之间、账户记录与会计凭证之间的核对。由于企业发生的经济业务复杂多样，在日常会计处理过程中，发生差错的可能性很大，所以要通过对账来及时检查，以便及时纠正，保证会计信息准确无误。

第七章

1.如何理解编制会计报表的意义？

在日常的会计核算中，企业通过编制会计凭证、登记账簿把各项交易和事项分类地登记在会计账簿中，但账簿记录的会计信息仍然是分散的、局部的会计信息，不能集中地揭示和反映该会计期间的经营活动的成果和拥有经济资源的整体情况。因而要定期的编制会计报表，将企业一定期间的经营活动过程和结果总体的、集中的描述和反映在各种会计报表上，以便以会计报表的方式向会计信息的需求者提供他们需要的信息。

2.资产负债表与利润表有何不同？

资产负债表是反映企业在某一特定日期资产及其权益情况的会计报表。企业提供资产负债表的目的就是反映企业在某一特定日期所拥有的资产及这些资产中借入的有多少、所有者投入的有多少。所以，资产负债表以“资产=负债＋所有者权益”的平衡关系为依据，按照一定的规则将企业所有资产、负债和所有者权益的具体项目列于其中，反映报表日当日企业资产的构成项目和每一项目的金额；负债和所有者权益的构成项目和每一项目的金额，进而提供企业所占有的经济资源及其来源状况的信息、数据。

利润表是反映企业在一定期间经营成果的会计报表。利润表反映企业实现利润的情况。利润表根据“收入-费用＝利润”会计等式的关系，依照一定的标准和顺序，把企业在一定期间内的收入、费用和利润项目列入其中，反映企业一定期间收入的构成和实现情况，如实现的营业收入是多少、实现投资收益是多少以及营业外收入是多少等。同时反映该期间费用发生的情况，如营业成本是多少、营业税金及附加是多少以及销售费用、管理费用、财务费用各有多少等。最后反映该期间的生产经营成果即净利润的实现情况。另外，通过利润表提供的本期金额与上期金额进行对比，可以比较、分析企业获利能力的发展趋势，通过利润表与资产负债表相关数据的联系，分析企业的偿债能力、盈利能力和发展水平等。

主要参考文献

[1]曼昆.经济学原理[M].梁小民，译.北京：三联书店，北京大学出版社，1999.

[2]郭道扬.会计史教程[M].北京：中国财政经济出版社，1999.

[3]葛家澍，刘峰.会计学导论[M].上海：立信会计出版社，1999.

[4]余秉坚.中国会计百科全书[M].沈阳：辽宁人民出版社，1999.

[5]张维迎.企业理论与中国企业改革[M].北京：北京大学出版社，1999.

[6]王君彩.中级财务会计[M].5版.北京：经济科学出版社，2015.

[7]陈国辉，迟旭升.基础会计[M].4版.大连：东北财经大学出版社，2015.

[8]葛家澍，杜兴强，等.会计理论[M].上海：复旦大学出版社，2005.

[9]中华人民共和国财政部.企业会计准则2006[M].北京：经济科学出版社，2006.

[10]中华人民共和国财政部.企业会计准则——应用指南2006[M].北京：经济科学出版社，2006.